365 MÉDITATIONS

EN CHEMIN VERS COMPOSTELLE

DU MÊME AUTEUR

Bourbonnais de pierre de lumière | *Éditions du miroir, 1997*

Plus loin que nos pas, de Compostelle à Jérusalem | *Éditions Tobias, 2004*

Bourbonnais (03) | *Éditions Tobias, 2006*

Sacrés chemins de Saint-Jacques de Compostelle | *Éditions Déclics, 2009*

Le bonheur en 100 photos - Sur les chemins de Saint-Jacques | *Éditions Sky Comm, 2009*

Le bonheur en 100 photos - À la suite des Premiers Chrétiens | *Éditions Sky Comm, 2010*

365 méditations : Jérusalem, à la croisée des chemins | *Éditions Presses de la Renaissance, 2010*

www.presses-renaissance.com

ISBN 978-2-7509-0532-3

365

MÉDITATIONS

EN CHEMIN VERS COMPOSTELLE

Choix des textes & photographies
LÉONNARD LEROUX

PRESSES DE LA RENAISSANCE

AVANT-PROPOS

C'EST UN PHOTOGRAPHE LABOUREUR, Léonnard : il creuse les drailles sacrées du monde et se laisse creuser par elles. Il trace son sillon dans ces chemins pèlerins qui le bornent et le fascinent, se hâtant lentement, sac au dos, Leica au cou, l'œil aux aguets, l'âme sur le qui-vive. Ce glaneur est un insoumis, un anar à tête de lard, qui refuse le conformisme et la facilité comme il refusa d'enfiler des chaussures pour accomplir son troisième Tro Breiz, pieds nus.

La pérégrination et l'acte photographique se nouent chez lui en une seule quête de vie. Pourquoi partirait-on du Mont-Saint-Michel vers Jérusalem en passant par Saint-Jacques, sans un sou en poche, si l'on n'avait pas soif de lumière ? Ce disciple de Rimbaud et de Xavier Grall sait la capter, bleu acier dans l'aube brumeuse des prés au réveil, ou chaude comme une caresse dans le contre-jour d'un sentier ou l'éclat d'un visage fraternel. C'est pourquoi ses lumières, éprouvées par les pas, peuvent conduire à la Lumière.

LUC ADRIAN

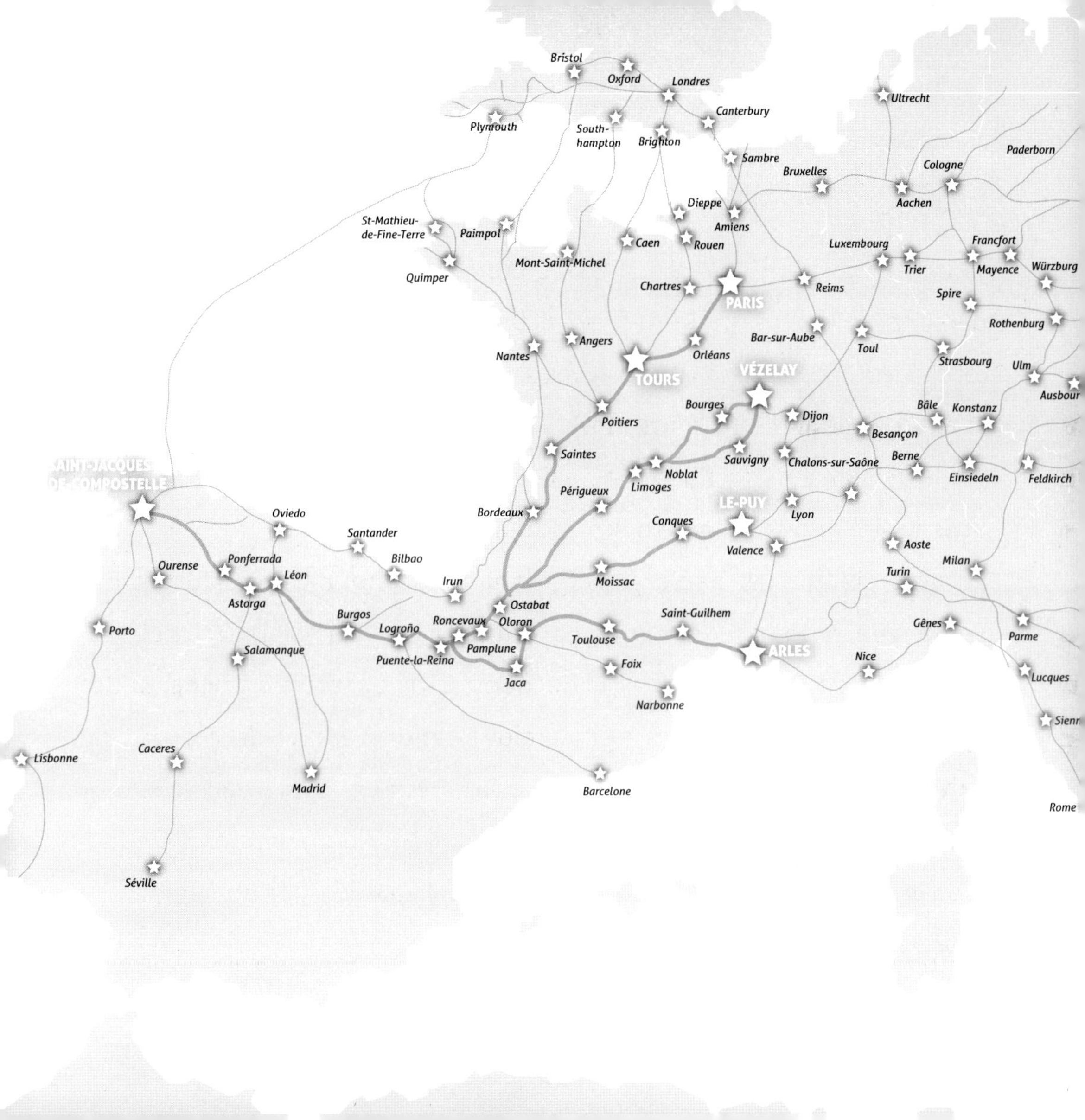
Bristol
Oxford
Londres
Ultrecht
Canterbury
Plymouth
South-
hampton
Brighton
Sambre
Paderborn
Bruxelles
Cologne
Aachen
Dieppe
Amiens
St-Mathieu-
de-Fine-Terre
Paimpol
Caen
Rouen
Luxembourg
Francfort
Trier
Mayence
Würzburg
Quimper
Mont-Saint-Michel
Chartres
PARIS
Reims
Spire
Rothenburg
Bar-sur-Aube
Toul
Strasbourg
Angers
Orléans
Nantes
TOURS
VÉZELAY
Ulm
Ausbour
Bourges
Dijon
Bâle
Konstanz
Poitiers
Besançon
Saintes
Sauvigny
Chalons-sur-Saône
Berne
Einsiedeln
Feldkirch
SAINT-JACQUES
DE-COMPOSTELLE
Noblat
Limoges
Périgueux
LE-PUY
Lyon
Oviedo
Bordeaux
Conques
Santander
Valence
Aoste
Bilbao
Ponferrada
Ourense
Léon
Irun
Moissac
Turin
Milan
Astorga
Ostabat
Burgos
Logroño
Roncevaux
Oloron
Saint-Guilhem
Porto
Toulouse
Gênes
Parme
Pamplune
ARLES
Salamanque
Puente-la-Reina
Foix
Nice
Jaca
Lucques
Narbonne
Sienn
Caceres
Lisbonne
Madrid
Barcelone
Rome
Séville

1er JANVIER

En vérité, je ne voyage pas, moi, pour atteindre un endroit précis, mais pour marcher : simple plaisir de voyager.

Robert Louis Stevenson
Voyage avec un âne dans les Cévennes

365e jour de marche pour Marion,
Jürgen et leurs ânes, partis de Cologne.
Double page précédente > Chaussée romane à Carrión de los Condes, Castille-et-León.

2 JANVIER

Nos premiers maîtres de philosophie sont nos pieds, nos mains, nos yeux. Substituer des livres à tout cela, ce n'est pas nous apprendre à raisonner, c'est nous apprendre à nous servir de la raison d'autrui.

JEAN-JACQUES ROUSSEAU
Émile, ou De l'éducation

Dallage du déambulatoire de l'église
romane de Saint-Révérien, Nièvre.

3 JANVIER

C'est par l'amour qu'on demande, qu'on cherche, qu'on connaît.

Aime donc et fais ce que tu veux.

SAINT AUGUSTIN D'HIPPONE
Les Confessions

« Chez les Sœurs Riou », incontournable café de pays
à deux pas de Saint-Jacques de Tréméven, Côtes-d'Armor.

HOLLYWOOD
BIC
PERSAVON

4 JANVIER

Passé certaines marges de fatigue, la prière elle-même n'est plus que balbutiement informe, au-delà duquel n'existe que le vide d'un harassement total sans pensée ni recours ; le vagabond ne sait plus pourquoi il marche, et vient à maudire son vœu, à s'affaler comme un homme ivre sur la pierre dure du chemin.

RAYMOND OURSEL
Pèlerins du Moyen Âge

La tour de la Clauze guette les horizons
du Gévaudan depuis le XIIe siècle, Haute-Loire.

5 JANVIER

Le pire des crimes, c'est le surplace, ne pas avancer, rester là comme ça, collé aux chaises et aux villes comme une chose stagnante, une glaire de vieux.
Moi, je marche, je nomadise, j'erre, je vais.
Toute marche est une marche spirituelle.

XAVIER GRALL
Barde imaginé

Le monastère cistercien Santa María de Irache
où coule la fameuse fontaine à vin, Navarre.

6 JANVIER

On ne peut pas asservir l'homme qui marche.

HENRI VINCENOT
Les Étoiles de Compostelle

Plateau d'Aubrac, Lozère.

7 JANVIER

Dans tout ce que tu fais, hâte-toi lentement.

PROVERBE MÉDIÉVAL

En pèlerinage, le temps s'arrête
et les voitures ralentissent, Castille.

8 JANVIER

Qui seulement fait de toute son âme ce qu'il doit faire, ne s'égare jamais.

FRIEDRICH HÖLDERLIN

Au bout d'une venelle de Saint-Gervais-sur-Mare, Hérault.

9 JANVIER

Mais je marche sans rien sur moi qui ne reluise,

Empanaché d'indépendance et de franchise.

EDMOND ROSTAND
Cyrano de Bergerac

10 JANVIER

Nous sommes des nains juchés sur des épaules de géants, de telle sorte que nous puissions voir plus de choses et de plus éloignées que n'en voyaient ces derniers.
Et cela, non point parce que notre vue serait puissante ou notre taille avantageuse, mais parce que nous sommes portés et exhaussés par la haute stature des géants.

SAINT BERNARD DE CHARTRES

Pieds de l'apôtre Barthélemy, portail méridional de la cathédrale de Chartres, Eure-et-Loir.

11 JANVIER

La marche est tissu imprévisible de sursauts, d'acquiescements,
de dérives plus fructueuses que des poursuites.
Source étrange de connaissance, hasard maître des merveilles !

GUSTAVE ROUD
Petit traité de la marche en plaine

Jeunes pèlerins sur une route de l'ouest de la France.

12 JANVIER

Celui qui ne voyage pas ne connaît pas la valeur des hommes.

PROVERBE MAURE

Peinture du XVe siècle dans un enfeu
de la cathédrale d'Amiens, Somme.

Qui conceptus est de spiritu scõ natus ex maria virgine
Passus sub pontio pilato cru

13 JANVIER

La liberté en marchant, c'est de n'être personne, parce que le corps qui marche n'a pas d'histoire, juste un courant de vie immémoriale.

FRÉDÉRIC GROS
Marcher, une philosophie

La Collégiale royale de Roncevaux
et ses toits de zinc, Navarre.

14 JANVIER

Ce qu'il faut c'est être naturel et calme
Dans le bonheur comme dans le malheur…
Penser comme l'on marche,
Et lorsqu'on va mourir, se rappeler que le jour meurt,
Et que le couchant est beau et belle la nuit qui se fait…
Et que si ainsi sont les choses, c'est que les choses sont ainsi.

FERNANDO PESSOA
Si je pouvais croquer la terre entière

Champs d'amandiers à la sortie de Torres del Río, Navarre.

15 JANVIER

Je lisais. Que lisais-je ? Oh ! Le vieux livre austère,
Le poème éternel ! – La Bible ? – Non, la terre. [...]
J'épelle les buissons, les brins d'herbe, les sources ;
Et je n'ai plus besoin d'emporter dans mes courses
Mon livre sous le bras, car je l'ai sous mes pieds.

VICTOR HUGO
Les Contemplations

Vieux chemin dans l'ouest de la France.

16 JANVIER

Arrête, où cours-tu donc ?

Le ciel est en toi,

Et chercher Dieu ailleurs, c'est le manquer toujours.

ANGELUS SILESIUS
Le Pèlerin chérubinique

Pèlerin dans la cathédrale de Tréguier, Côtes-d'Armor.

17 JANVIER

J'aime à marcher à mon aise, et m'arrêter quand il me plaît. La vie ambulante est celle qu'il me faut. Faire route à pied par un beau temps dans un beau pays sans être pressé, et avoir pour terme de ma course un objet agréable ; voilà de toutes les manières de vivre celle qui est le plus à mon goût.

JEAN-JACQUES ROUSSEAU
Les Confessions

Paysage de La Rioja.

18 JANVIER

Demeurer le moins possible assis : ne prêter foi à aucune pensée qui n'ait été composée au grand air, dans le libre mouvement du corps [...]. Être « cul-de-plomb », je le répète, c'est le vrai péché contre l'esprit.

FRIEDRICH NIETZSCHE
Ecce Homo

Quartier médiéval de Saint-Brieuc, Côtes-d'Armor.

19 JANVIER

Le vent souffle où il veut, et tu entends sa voix,
Mais tu ne sais ni d'où il vient ni où il va.
Ainsi en est-il de quiconque est né de l'Esprit.

Évangile selon saint Jean

Tous les chemins ne mènent pas à Santiago…
Auberge de Manjarín aux portes du Bierzo, Castille-et-León.

TRONDHEIM 5000 KM
ACHU-PICHU 9453 Km
GALIZA 70K
ROMA 2475 Km
INISTERRE. 295 KM
JERUSALEM 5000 Km
NTIAGO 222 Km
MANJARIN
REFUGIO DE PEREGRINOS
PERMANENTE
ABIER
OFFEN
OUVER
OPEN

20 JANVIER

Les gens réfléchissent trop à ce qu'ils doivent faire et trop peu à ce qu'ils doivent être.

MAÎTRE ECKHART

Place de l'Obradoiro, face à la cathédrale de Santiago, les pèlerins pleurent, éclatent de joie, se prosternent, s'avachissent, Galice.

21 JANVIER

C'est une géographie intérieure, mais il est bon qu'elle s'impose à travers le corps ; le corps qui marche, qui regarde, entend, sent, palpe, le corps qui souffre et jubile.
Lui, le matériau brut de l'alchimiste que l'on ramène à son origine, dépouillé de superflus, arraché aux adhérences factices [...].

FRÉDÉRICK TRISTAN
Les Chemins du retour

Bâton de confrérie jacquaire, Languedoc.

22 JANVIER

L'amour, quel autre mot pourrait donc venir donner une enveloppe verbale adaptée de nos spiritualités à l'intime accord qui compose la nature des choses et au rythme grave et grand qui réalise tout l'univers.

STÉPHANE MALLARMÉ

Chevet roman de Sainte-Foy de Conques, Aveyron.

23 JANVIER

Pour faire l'estimation d'un livre, d'un homme, ou d'une musique, notre premier réflexe est de nous demander : Sait-il marcher ?

FRIEDRICH NIETZSCHE
« Le Voyageur et son ombre », *Humain, trop humain*

Alain au pied du portail des Orfèvres de la cathédrale de Santiago, Galice.

24 JANVIER

Croix de basalte monolithiques de l'Aubrac, grossières, presque informes, à la tête et aux bras très courts, plantées de guingois sur un simple entassement de blocs de lave et qui semblent l'ébauche d'un trait d'union entre le monde mégalithique et le monde chrétien.

JULIEN GRACQ
Carnets du grand chemin

Croix de granit au bord d'un pré que le printemps
en Aubrac inonde de narcisses des poètes, Lozère.

25 JANVIER

Lorsque nous bâtissons…

Pensons que nous bâtissons pour toujours.

JOHN RUSKIN
Les Sept Lampes de l'architecture

L'abbatiale Saint-Austremoine d'Issoire,
étape romane de la voie auvergnate, Puy-de-Dôme.

26 JANVIER

Souvent, il m'arrivait le soir, au cours des premiers jours de cette longue marche, de contempler mes pieds avec étonnement : c'est avec ça, me disais-je, que nous marchons depuis l'aube des temps hominidiens et que nous arpentons la terre.

JACQUES LACARRIÈRE
Chemin faisant

Détail de la porte du Pardon,
basilique San Isidoro de León, Castille-et-León.

27 JANVIER

Le vrai domicile de l'homme n'est pas une maison mais la route, et la vie elle-même est un voyage à faire à pied.

BRUCE CHATWIN
Qu'est-ce que je fais là ?

Pose biniou sur une ancienne voie gallo-romaine bretonne, Finistère.

28 JANVIER

Se faire l'ami des distances, passer sans laisser de traces, muettement s'effacer, glisser comme un regard, sillonner la campagne infatigablement.

LÉONNARD LEROUX
Plus loin que nos pas

Douce descente de la colline de Vézelay, Yonne.

29 JANVIER

N'ayez pas peur de la vie, n'ayez jamais peur de l'aventure…

HENRY DE MONFREID

Tolède, carrefour médiéval
des trois religions du Livre, Castille-La Manche.

30 JANVIER

La marche n'est pas une simple thérapeutique mais une activité poétique qui peut guérir le monde de ses mots.

BRUCE CHATWIN
Qu'est-ce que je fais là ?

Croix de chemin dans l'Yonne.

31 JANVIER

Le monde est un livre, et ceux qui ne voyagent pas n'en lisent qu'une page.

SAINT AUGUSTIN D'HIPPONE

L'apôtre en pèlerin, sanctuaire de Bathala, chef-d'œuvre gothique du Caminho Português, Centre Portugal.

1er FÉVRIER

Nous trouverons un chemin… Ou nous en créerons un.

HANNIBAL
Prononcé lors de la traversée des Alpes
en 212 av. J.-C

Col d'Ibañeta, 1 057 mètres d'altitude.
Double page précédente > Saint-Bertrand-de-Comminges, Haute-Garonne.

FÉVRIER 2

Pour aimer tout, pour avoir pitié de tout, de l'humain et de l'extra-humain, du vivant et de l'inanimé, il faut que tu sentes tout en dedans de toi-même, que tu personnifies tout. Car l'amour personnifie ce qu'il aime, ce à quoi il compatit.

MIGUEL DE UNAMUNO
Du sentiment tragique de la vie

Le Mont-Saint-Michel au péril de la mer, Basse-Normandie.

3 FÉVRIER

Je ne connais plus les couleurs. Les nuages sont jaunes, les feuilles noires. Une pluie d'incertitudes embrase l'horizon. Lorsque la lumière se lève, par dépit tout vire à l'ombre. Qui sait le jour de la nuit ?

JEAN-LOUIS MOTTE
Des hommes nommés brume

Chapelle Saint-Jacques de Brec'h,
au carrefour de voies gallo-romaines
suivies par les pèlerins bretons, Morbihan.

FÉVRIER 4

Pies, corbeaux nous ont les yeux cavés,
Et arraché la barbe et les sourcils. [...]
Puis çà, puis là, comme le vent varie,
À son plaisir sans cesser nous charrie,
Plus becquetés d'oiseaux que dés à coudre.
Ne soyez donc de notre confrérie ;
Mais priez Dieu que tous nous veuille absoudre !

François Villon
Ballade des pendus

Le diable du pont Valentré à Cahors, Lot.

5 FÉVRIER

Nous sommes l'Arc-en-terre
Signe plus pur que l'Arc-en-ciel
Signe de nos origines profondes
Étincelles
Ô nous les très belles couleurs

GUILLAUME APOLLINAIRE
De la batterie de tir

Orage printanier dans le ciel de Vézelay, Yonne.

6 FÉVRIER

Alors oui, il faut que le désespoir dure encore un peu, juste assez pour permettre la rencontre entre la parole et la beauté, et que se prolonge tout ce qui donne à ma vie son merveilleux contenu : une caresse sur la peau, une aide au moment critique, le spectacle du clair de lune.

STIG DAGERMAN
Les Consolations

Au bord de la *Via Lemovicensis*.

NUL
NE S'EST JAMAIS
PERDU
SUR LE DROIT CHEMIN

7 FÉVRIER

Je remercie les dieux, quoi qu'ils puissent être
Pour mon âme indomptable. [...]
Qu'importe l'étroitesse du chemin,
Le nombre des punitions sur le parchemin,
Je suis le maître de mon destin,
Je suis le capitaine de mon âme.

WILLIAM ERNEST HENLEY
Invictus

L'ondée de printemps n'arrête pas Ronan...

FÉVRIER 8

Quand mes pieds se reposent, mon esprit aussi cesse de fonctionner.

JOHANN GEORG HAMANN

Alto de San Roque, à 1 270 mètres d'altitude,
un pèlerin de bronze lutte avec les éléments, Galice.

9 FÉVRIER

Quand la lumière vient sculpter les collines
Caresser leur tête
Effleurer leur poitrine…
Le moment béni où le Chemin
Ouvre son cœur à la lumière.

JEAN-CLAUDE BARBIER
Voyage à Compostelle d'un homme de peu de foi

Derrière le sanctuaire en ruine du village de Foncebadón,
les pèlerins grimpent vers la Cruz de Ferro, Castille-et-León.

10 FÉVRIER

C'est par l'extrême de la soif que vous connaissez la fraise sous la feuille, par l'extrême épouvante de vous-même que vous connaissez l'église et son ombre, c'est aux confins de la lassitude et du sommeil que vous connaissez la vague morte bue par le sable d'août.

GUSTAVE ROUD
Petit traité de la marche en plaine

Eunate, dernière étape du Camino Aragonés avant de rejoindre le Camino Francés à Puente la Reina, Navarre.

11 FÉVRIER

Parfois, martyr lassé des pôles et des zones,
La mer dont le sanglot faisait mon roulis doux
Montait vers moi ses fleurs d'ombre aux ventouses jaunes
Et je restais, ainsi qu'une femme à genoux…

ARTHUR RIMBAUD
« Le bateau ivre », *Poésies*

Pèlerine pénitente à Fátima, Centre Portugal.

12 FÉVRIER

Il vaut mieux suivre le bon chemin en boitant que le mauvais d'un pas ferme.

SAINT AUGUSTIN D'HIPPONE
Sermon

Église Saint-Hilarian de Perse, Espalion, Aveyron.

13 FÉVRIER

Le doute est un poison pour la conviction et un aliment pour la foi.

GUSTAVE THIBON
L'Ignorance étoilée

Liturgie eucharistique, église abbatiale
du Mont-Saint-Michel, Basse-Normandie.

14 FÉVRIER

Il fait froid, parce que l'on regarde là où il n'y a pas de chaleur.

ALEXANDRA DAVID-NÉEL
La Lampe de sagesse

Le Camino entre Villafranca Montes de Oca
et San Juan de Ortega, Castille-et-León.

15 FÉVRIER

Et sa méditation est telle qu'il en oublie qui il est : il ne sait s'il est ou s'il n'est pas, il ne sait son nom, il ne sait s'il est armé ou non, il ne sait où il va ni d'où il vient. Il ne se souvient de rien sauf d'une seule personne, et c'est pour elle qu'il a oublié le reste ; c'est à elle seule qu'il pense si intensément qu'il n'entend, ni ne voit, ni ne comprend rien.

CHRÉTIEN DE TROYES
Lancelot ou le chevalier de la charrette

La Meseta, Castille-et-León.

16 FÉVRIER

La seule chose que l'on puisse décider est quoi faire du temps qui nous est imparti.

J.R.R. TOLKIEN
Le Seigneur des anneaux

Arrivée à l'ancien ermitage San Nicolás,
Itero del Castillo, Castille-et-León.

17 FÉVRIER

Par les moissons de peine
N'avez-vous jamais vu, les gars,
Surgir de la plaine
L'ombre d'un pèlerin étrange,
À face de mystère,
En marche vers des au-delà
Par les chemins de terre
Les gars ?

PIERRE JAKEZ HÉLIAS
Celui qui porte le feu

Paysan et sa vache à Leboreiro, Galice.

18 FÉVRIER

L'inamour est l'enfer sans cieux : foyer sans flamme.

EDWARD ESTLIN CUMMINGS
95 poèmes

IACO
BVS

Calvaire au bord de la *Via Lemovicensis*,
près de Corbigny, Nièvre.

19 FÉVRIER

La foi est la substance de ce qu'on espère,

La preuve des réalités qu'on ne voit pas...

Épître de saint Paul aux Hébreux

La Cruz de Ferro, Castille-et-León.

20 FÉVRIER

Dieu n'est-il pas un extrémiste de l'amour ?

MARTIN LUTHER KING

Le baiser de Judas,
église abbatiale de Saint-Gilles-du-Gard, Gard.

21 FÉVRIER

Qui perd la santé perd beaucoup ;
Qui perd un ami perd encore plus ;
Mais celui qui perd le courage perd tout.

MIGUEL DE CERVANTÈS

La forteresse et la collégiale
Santa María del Manzano de Castrojeriz, Castille-et-León.

22 FÉVRIER

Le mieux, c'est encore
D'apprendre à temps à pardonner
Les autres en premier lieu soi-même en dernier
Le mieux, c'est encore
D'apprendre trop tard à juger mais s'il le faut vraiment :
Les autres en dernier lieu soi-même en premier.

STIG DAGERMAN
Les Consolations

Poutre de gloire du XVIe siècle,
basilique Notre-Dame de l'Épine, Marne.

23 FÉVRIER

A-t-il besoin de revoir un parent, un ami, il fait un vœu, prend le bâton et le bourdon du pèlerin ; il franchit les Alpes ou les Pyrénées, visite Notre-Dame de Lorette ou Saint-Jacques en Galice...

FRANÇOIS-RENÉ DE CHATEAUBRIAND
Génie du christianisme

Puente la Reina où les Caminos Aragonés et Navarro confluent au seuil du Camino Francés, Navarre.

24 FÉVRIER

La véritable grandeur d'un homme ne se mesure pas à des moments où il est à son aise, mais lorsqu'il traverse une période de controverses et de défis.

MARTIN LUTHER KING

La neige efface le chemin entre Saint-Jean-Pied-de-Port et Roncevaux, Pyrénées-Atlantiques.

25 FÉVRIER

Tant qu'il y a de l'inquiétude il reste de l'espoir.

SAINT AUGUSTIN D'HIPPONE

Linteau de la chapelle haute dédiée à l'archange saint Michel, église Saint-Pierre de Bessuéjouls, Aveyron.

26 FÉVRIER

L'homme en tant qu'homme ne peut vivre horizontalement.

Son repos, son sommeil est le plus souvent une chute.

GASTON BACHELARD
L'Air et les Songes

Réveil difficile sur un banc public de Portomarín, Galice.

27 FÉVRIER

L'amour sans éternité s'appelle angoisse :

L'éternité sans amour s'appelle enfer.

GUSTAVE THIBON
L'Ignorance étoilée

Chapelle romane Santa María de Melide, Galice.

28 FÉVRIER

Le combat spirituel est aussi brutal que la bataille d'hommes ; mais la vision de la justice est le plaisir de Dieu seul.

ARTHUR RIMBAUD
« Adieu », *Une saison en enfer*

L'archange saint Michel, détail du remarquable Jugement dernier peint au XVe siècle dans l'église romane d'Ennezat, Puy-de-Dôme.

1er MARS

Homme, tu es charbon, Dieu est ton feu et ta lumière :

Tu es noir, ténébreux, glacé, si tu ne reposes en Lui.

ANGELUS SILESIUS
Le Pèlerin chérubinique

Crépuscule sur les toits de Tolède, Castille-La Manche.
Double page précédente > Baie du Mont-Saint-Michel, Basse-Normandie.

2 MARS

L'homme n'a pas besoin de voyager pour s'agrandir ;
il porte avec lui l'immensité.

FRANÇOIS-RENÉ DE CHATEAUBRIAND
De la restauration et la monarchie élective

Les frères prémontrés vont chanter les vêpres,
basilique Sainte-Foy de Conques, Aveyron.

3 MARS

Je vois le monde un peu comme on voit l'incroyable,

L'incroyable c'est ça, c'est ce qu'on ne voit pas.

LÉO FERRÉ
Tu ne dis jamais rien

4 MARS

Homme, deviens essentiel : quand le monde passera,

Ce qui est du hasard tombera ; l'essence restera.

ANGELUS SILESIUS
Le Pèlerin chérubinique

Église Saint-Malo de Dinan, Côtes-d'Armor.

5 MARS

Cette terre panique où je marchais, on a cru que je prétendais y trouver l'explication de tout. J'y cherchais un simple départ.

JEAN GIONO
Les Vraies Richesses

Ciel bas sur une ancienne voie gallo-romaine de l'Ouest.

6 MARS

La délivrance de la tête, c'est la sagesse

La délivrance du cœur, c'est l'amour

La délivrance des sens, c'est la beauté

LYONNAIS, L'AMI DU BEAU TOUR DE FRANCE

Voûtes de la nef nord,
basilique Saint-Sernin de Toulouse, Haute-Garonne.

7 MARS

Ici, il y a plus de ciel que de terre !

Un pèlerin sur la Meseta

Clocher d'Itero del Castillo, Castille-et-León.

MARS

Il ne faut pas appeler richesses les choses que l'on peut perdre.

LÉONARD DE VINCI

Seuil de l'albergue d'Astorga, Castille-et-León.

9 MARS

Soyez sages comme le serpent, simples comme la colombe.

Évangile selon saint Matthieu

Pèlerin sculpté au pied du calvaire
de Saint-Jacques-des-Blats, Cantal.

10 MARS

Regardez-moi, je n'ai pas de maison, je n'ai pas de patrie, je n'ai pas de richesses, et pas de serviteurs. Je dors à même le sol. Je n'ai ni femme, ni enfants, ni vaste demeure, mais la terre seule, et le ciel, et un vieux manteau. Mais qu'est-ce qui manque ? Ne suis-je pas sans tristesse, sans peur, ne suis-je pas libre enfin ?

ÉPICTÈTE
Entretiens

Chapelle Saint-Jacques de Rochegude,
Monistrol-d'Allier, Haute-Loire.

11 MARS

Je suis le piéton de la grand'route par les bois nains ; la rumeur des écluses couvre mes pas. Je vois longtemps la mélancolique lessive d'or du couchant.

ARTHUR RIMBAUD
« Enfance », *Les Illuminations*

Le gîte du Sauvage accueille les pèlerins depuis le XIIe siècle, Haute-Loire.

12 MARS

Les spéculations purement intellectuelles dépouillent l'univers de son manteau sacré.

JEAN GIONO
Les Vraies Richesses

Village de Conques, Aveyron.

13 MARS

Ressuscités de l'amour du monde et des plaisirs, rejetez les soucis, dépouillez-vous des pensées, renoncez à votre corps, car la prière n'est autre chose qu'un exil du monde visible et invisible...

SAINT JEAN CLIMAQUE
L'Échelle sainte

Mise au tombeau, chapiteau roman
de l'église Saint-Pierre de Melle, Deux-Sèvres.

14 MARS

Je ne suis rien.

Jamais je ne serai rien.

Je ne puis vouloir être rien.

Cela dit, je porte en moi tous les rêves du monde.

FERNANDO PESSOA
Le Gardeur de troupeaux et autres poèmes

15 MARS

Plus tout me manquera sur la terre,

Plus je trouverai l'unique nécessaire, la croix.

CHARLES DE FOUCAULD

Cabo Fisterra, Galice.

16 MARS

Il existe un feu souterrain qui couve dans la nature et jamais ne s'éteint, et dont aucun froid ne peut venir à bout [...].
Ce feu souterrain a son autel dans chaque poitrine humaine.
En effet, par le jour le plus froid et sur la colline la plus exposée, le marcheur nourrit dans les plis de sa veste un feu encore plus chaud que celui que l'on allume dans chaque foyer.

HENRY DAVID THOREAU
Balade d'hiver

Chênaie entre le Limousin et l'Auvergne.

17 MARS

Le vrai domicile de l'homme n'est pas une maison mais la route, et la vie elle-même est un voyage à faire à pied.

BRUCE CHATWIN
Qu'est-ce que je fais là ?

Las Herreiras, paisible étape dans la vallée du Valcarce avant la redoutable ascension d'O'Cebreiro, Castille-et-León.

REFUGIO
PEREGRINOS

18 MARS

Je n'ai voyagé à pied que dans mes beaux jours, et toujours avec délices. Bientôt les devoirs, les affaires, un bagage à porter m'ont forcé de faire le Monsieur et de prendre des voitures, [...] et dès lors, au lieu qu'auparavant dans mes voyages je ne sentais que le plaisir d'aller, je n'ai plus senti que le plaisir d'arriver.

JEAN-JACQUES ROUSSEAU
Les Confessions

Narthex de l'ancienne église abbatiale
Saint-Pierre de Moissac, Tarn-et-Garonne.

19 MARS

Partir léger ! Faire nos sacs avait consisté non pas à les remplir, mais à les vider. Nous rêvions d'un bagage qui contient un royaume, un bagage comme une main ouverte sur le monde, une main vide qui accueille et ne cueille, pleine de l'unique nécessaire. Ce rien qui ne rejette pas, qui ne veut retenir : un bagage rempli d'impossible.

LÉONNARD LEROUX
Plus loin que nos pas

Sur les hauteurs des Apennins que franchissent les pèlerins italiens en suivant la *Via Francigena*, Émilie-Romagne.

20 MARS

Le plus petit mouvement de pur amour est plus utile que toutes les œuvres réunies.

SAINT JEAN DE LA CROIX
Cantique spirituel, XXIX

21 MARS

Quelle nécessité y a-t-il à l'existence de Dieu, du monde et de tout ? Pourquoi doit-il y avoir quelque chose ? Ne crois-tu pas que cette idée de nécessité n'est que la forme suprême que prend le hasard dans nos esprits ?

MIGUEL DE UNAMUNO
Brouillard

L'église de San Martín de Frómista, chef-d'œuvre roman du Camino Francés, Castille-et-León.

22 MARS

Car j'ignore personnellement où je me serai trouvé entraîné prochainement, et par quelles routes, et pour où, et pour quoi, et comment !

ARTHUR RIMBAUD
Lettre d'Aden

Camargue.

23 MARS

Passe, oiseau, passe, et apprends-moi à passer !

FERNANDO PESSOA
Le Gardeur de troupeaux et autres poèmes

Cigogne sur un toit de Zamora, Castille-et-León.

24 MARS

Si ma maison brûlait ? J'emporterais le feu !

JEAN COCTEAU
Journal d'un inconnu

Le soleil couchant incendie une route provençale.

25 MARS

Au-delà commence la terre qui n'est plus que terre ; la terre sans parure végétale, sans son revêtement botanique, la terre jaune, la terre rouge, la terre gris argent, glèbe pure, terroir nu souligné de-ci de-là par les rangées de hauts peupliers.

JOSÉ ORTEGA Y GASSET
Leçons de métaphysique

Pont romain à l'ouest de Castrojeriz, Castille-et-León.

26 MARS

Une campagne infinie où, sans se perdre, l'homme se rapetisse ; où il éprouve, au milieu de la sécheresse des champs, toutes les sécheresses de l'âme.

MIGUEL DE UNAMUNO
Du sentiment tragique de la vie

Colombiers traditionnels dans la vallée de la Cueza,
entre Frómista et Sahagún, Castille-et-León.

27 MARS

Les œuvres d'art naissent toujours de qui a affronté le danger,
de qui est allé jusqu'au bout d'une expérience.

Rainer Maria Rilke
Lettre à Clara Rilke

Église Santo Sepulcro, Torres del Río, Navarre.

28 MARS

Imaginer le monde comme le rendez-vous des errants qui vont, sac au dos, de l'avant, des clochards célestes qui refusent l'obligation de consommer [...] et d'acheter toutes ces ferrailles inutiles : réfrigérateurs, télévisions, automobiles, et toutes sortes d'ordures inutiles [...].

JACK KEROUAC
Les Clochards célestes

Refuge de fortune au bord du Camino Francés, Navarre.

29 MARS

Un livre doit être la hache qui brise la mer gelée en nous.

FRANZ KAFKA
Lettre à Oskar Pollak, janvier 1904

Détail du portail de la basilique
Saint-Just de Valcabrère, Haute-Garonne.

30 MARS

Si tu remerciais Dieu pour toutes les joies qu'il te donne, il ne te resterait plus de temps pour te plaindre.

MAÎTRE ECKHART

31 MARS

Le chemin se fait en marchant
Et lorsque l'on regarde derrière
On voit le sentier que plus jamais
On ne foulera de nouveau
Voyageur, il n'y a pas de chemin,
Seulement, un sillage dans la mer...

Antonio Machado
Proverbios y cantares

Faute de pont ou de passeur, on se risque au jusant,
faisant de l'estuaire un gué.

1er AVRIL

La création est un livre. Qui le sait lire sagement,

Y trouvera le Créateur subtilement manifesté.

ANGELUS SILESIUS
Le Pèlerin chérubinique

Le Chemin en Bourbonnais, Allier.
Double page précédente > À l'approche du col de Roncevaux, Pyrénées-Atlantiques.

2 AVRIL

Qui dira le sentiment qu'on éprouve en entrant dans ces forêts aussi vieilles que le monde, et qui seules donnent une idée de la création, telle qu'elle sortit des mains de Dieu ?

FRANÇOIS-RENÉ DE CHATEAUBRIAND
Voyage en Amérique

Près de Souvigny, la *Via Arverna* s'enfonce dans la forêt de Bagnolet, Allier.

3 AVRIL

La montagne n'est pas l'infini, mais elle le suggère.

PIERRE DALLOZ
Zénith

Avant Los Arcos, les hauteurs de la Dehesa
et l'ermitage de Santa Teodosia, Navarre.

4 AVRIL

Nous devons apprendre à respecter la vie sous toutes ses formes : il ne faut détruire sans raison aucune de ces herbes, aucune de ces fleurs, aucun de ces animaux qui sont tous, eux aussi, des créatures de Dieu.

THÉODORE MONOD
La Lumière des animaux

Sur la Voie de Cluny, le pèlerin avisé
ne coupe pas à travers champs, Saône-et-Loire.

5 AVRIL

Un matin nous partons, le cerveau plein de flamme,
Le cœur gros de rancune et de désirs amers,
Et nous allons, suivant le rythme de la lame,
Berçant notre infini sur le fini des mers [...].

CHARLES BAUDELAIRE
« Le Voyage », *Les Fleurs du mal*

Croix monolithe de la pointe Saint-Mathieu, Finistère.

6 AVRIL

La terre était douce sous la peau et ils aimaient à ôter leurs mocassins et à marcher pieds nus sur la terre sacrée. [...] Ils contemplaient alors avec une plus grande clarté les mystères de la vie et ils se sentaient plus proches de toutes les forces vivantes.

CHEF LUTHER STANDING BEAR
Pieds nus sur la terre sacrée

Passage à gué dans le Berry.

7 AVRIL

Tout le reste du jour, enfoncé dans la forêt, j'y cherchais, j'y trouvais l'image des premiers temps dont je traçais fièrement l'histoire ; je faisais main basse sur les petits mensonges des hommes, j'osais dévoiler à nu leur nature, suivre le progrès du temps et des choses qui l'ont défigurée, et comparant l'homme de l'homme avec l'homme naturel, leur montrer dans son perfectionnement prétendu la véritable source de leur misère.

JEAN-JACQUES ROUSSEAU
Les Confessions

Traversée d'un sous-bois en Limousin.

8 AVRIL

Fuir ! Là-bas fuir ! Je sens que des oiseaux sont ivres d'être parmi l'écume inconnue des cieux !

STÉPHANE MALLARMÉ
« Brise marine », *Poésies*

Baie du Mont-Saint-Michel, Haute-Normandie.

9 AVRIL

Dans la nature, tout a toujours une raison. Si tu comprends cette raison, tu n'as plus besoin de l'expérience.

LÉONARD DE VINCI

Col de Roncevaux.

10 AVRIL

Alors acceptez le destin, portez-le, son fardeau, sa grandeur, sans réclamer une récompense qui pourrait venir de dehors. Car le créateur doit être lui-même un monde, il doit trouver toute chose en lui et dans la nature à laquelle il s'est lié.

RAINER MARIA RILKE
Lettres à un jeune poète

En Sologne.

11 AVRIL

Voir un monde dans un grain de sable
Et un ciel dans une fleur sauvage
Tenir l'infini dans la paume de la main
Et l'éternité dans une heure.

WILLIAM BLAKE
Augures d'innocence

Gentianes en Aubrac, Aveyron.

12 AVRIL

Je sais les cieux crevant en éclairs, et les trombes
Et les ressacs et les courants : je sais le soir,
L'Aube exaltée ainsi qu'un peuple de colombes,
Et j'ai vu quelquefois ce que l'homme a cru voir !

ARTHUR RIMBAUD
« Le Bateau ivre », *Poésies*

Soleil couchant au large de Muxía, Galice.

13 AVRIL

Que faisait Dieu avant la création du monde ?

SAINT AUGUSTIN D'HIPPONE
Les Confessions

Les monts d'Arrée où les voies antiques se perdent
dans les landes, les brumes, les tourbières, Finistère.

14 AVRIL

Ainsi nous naviguons vers votre cathédrale.
De loin en loin surnage un chapelet de meules,
Rondes comme des tours, opulentes et seules
Comme un rang de châteaux sur la barque amirale.

CHARLES PÉGUY
La Tapisserie de Notre-Dame

Limagne.

15 AVRIL

Tu as libéré les ténèbres. Tu as produit la lumière, afin de tout créer en elle. Tu as donné consistance à la matière en y façonnant la forme de sa beauté. Tu as éclairé l'esprit de l'homme, lui donnant raison et sagesse. Partout se retrouve le reflet de la lumière éternelle, pour que, dans la lumière, l'homme découvre sa splendeur, et, tout entier, devienne lumière.

Saint Grégoire de Nazianze
« Hymne à la Trinité », *Poèmes 1, 1, 30*

La *Via Turonensis* en Poitou.

16 AVRIL

Pour toute la beauté,

Jamais je ne me perdrai,

Sinon pour un je-ne-sais-quoi

Qui s'atteint d'aventure.

SAINT JEAN DE LA CROIX
Les Poèmes, IX

Jeune pèlerin au Cabo Fisterra, Galice.

17 AVRIL

Dans les bois, un homme quitte ses années comme un serpent son ancienne peau, et quelle que soit la période de sa vie à ce moment, il demeure toujours un enfant. Dans les bois se trouve la jeunesse éternelle.

RALPH WALDO EMERSON
Nature

Fût d'une croix de granit au bord d'une ancienne route de Galice.

18 AVRIL

Quel être doué d'intelligence n'aime avant tout la Lumière,
Merveille des merveilles de l'espace qui l'entoure,
Source rayonnante de joie, onde irisée,
Omniprésente et douce à l'éveil du jour?

NOVALIS
Hymne à la nuit

La forteresse de Polignac, Haute-Loire.

19 AVRIL

Je ne reconnaîtrais de souverain que celui qui alluma la flamme des soleils et qui d'un seul coup de sa main fit rouler tous les mondes.

François-René de Chateaubriand
Le Voyage en Amérique

La Genèse, Bible de Souvigny, XIIe siècle, Allier.

20 AVRIL

La Nature est un temple où de vivants piliers
Laissent parfois sortir de confuses paroles ;
L'homme y passe à travers des forêts de symboles
Qui l'observent avec des regards familiers.

CHARLES BAUDELAIRE
« Correspondances », *Les Fleurs du mal*

Fûtaie entre Berry et Bourbonnais.

21 AVRIL

L'amour est l'ultime signification de tout ce qui nous entoure. Ce n'est pas un simple sentiment, c'est la vérité, c'est la joie qui est à l'origine de toute création.

RABÎNDRANÂTH TAGORE

La *Via Podiensis* dans le Rouergue.

22 AVRIL

Je sais bien la source qui coule et fuit
Malgré la nuit !
Cette éternelle source est hors de vue
Moi je sais bien là où est sa venue
Malgré la nuit !
Je sais qu'il n'est nulle chose si belle
Et que les cieux et la terre boivent en elle
Malgré la nuit !

SAINT JEAN DE LA CROIX
« Chants de L'âme », *Les Poèmes, VII*

Fontaine Saint-Clair de Mons, Belin-Béliet, Gironde.

23 AVRIL

La terre, comme le ciel, ne resplendit jamais dans une aussi belle lumière qu'après une tempête, un orage ou une pluie sans fin, quand elle surgit nouvellement créée.

FRIEDRICH W. J. VON SCHELLING
Philosophie de la révélation

Vignoble sancerrois, Cher.

24 AVRIL

Le poème de la création ne s'arrête jamais ; mais rares sont les oreilles capables de le capter.

HENRY DAVID THOREAU
Walden ou la vie dans les bois

La *Via Lemovicensis* se coule dans les régions bocagères du cœur de la France.

25 AVRIL

Le ciel est le pain quotidien des yeux.

RALPH WALDO EMERSON

Chapelle Saint-Michel d'Aiguilhe,
le Puy-en-Velay, Haute-Loire.

26 AVRIL

Tu trouveras plus dans la forêt que dans les livres : les arbres et les rochers t'enseigneront les choses qu'aucun maître ne te dira.

SAINT BERNARD DE CLAIRVAUX

Dolmen de la Bruyère d'Usclas, Hérault.

27 AVRIL

J'ai l'infini à ma portée, je le vois, je le sens, je le touche, je m'en nourris et je sais que je ne pourrai jamais l'épuiser. Et je comprends mon irrépressible révolte lorsque je vois supprimer la nature : on me tue mon infini.

ROBERT HAINARD
Et la nature ?

Dans les Apennins, Émilie-Romagne.

28 AVRIL

Tout vous parle, vous salue, appelle votre attention :

Les arbres, les fleurs, la couleur des chemins. Le souffle du vent, le bourdonnement des insectes, la course du ruisseau, le choc du pas sur la terre : c'est tout un bruissement qui répond à votre présence.

FRÉDÉRIC GROS
Marcher, une philosophie

Lumière vespérale en Aubrac, Aveyron.

29 AVRIL

Il n'y a pas un coin de cette terre qui ne soit sacré. Une aiguille de pin qui scintille, un rivage sablonneux, une brume légère, tout est saint aux yeux et dans la mémoire de ceux de mon peuple. [...] Nous faisons partie de la terre et elle fait partie de nous. Les fleurs qui sentent si bon sont nos sœurs, les cerfs, les chevaux, les grands aigles sont nos frères ; les crêtes rocailleuses, l'humidité des prairies, la chaleur du corps des poneys et l'homme appartiennent à la même famille.

LE CHEF AMÉRINDIEN SEATTLE
Discours

Le Chemin d'Arles en Haut-Languedoc.

30 AVRIL

La nature porte toujours les couleurs de la pensée.

RALPH WALDO EMERSON

La cathédrale Saint-Front de Périgueux
se reflète dans l'eau de l'Isle, Dordogne.

1er MAI

Dans un voyage, le plus long est de franchir le seuil.

PROVERBE LATIN

Sur une façade de Leboreiro, Galice.
Double page précédente > Village de Ledigos, Castille-et-León.

2 MAI

Le vrai domicile de l'homme n'est pas une maison mais la route, et la vie elle-même est un voyage à faire à pied.

BRUCE CHATWIN
Qu'est-ce que je fais là ?

Arrivée à la dômerie d'Aubrac, Aveyron.

3 MAI

À quoi bon emprunter sans cesse le même vieux sentier ?

Vous devez tracer des sentiers vers l'inconnu.

HENRY DAVID THOREAU
De la marche

Chemin de traverse en Limagne, Puy-de-Dôme.

4 MAI

Tout bien considéré, il n'y a que deux sortes d'hommes dans ce monde : ceux qui restent chez eux et les autres.

RUDYARD KIPLING

O'Cebreiro, Galice.

aquí
El Progreso

5 MAI

N'allez pas là où le chemin peut mener.

Allez là où il n'y a pas de chemin et laissez une trace.

RALPH WALDO EMERSON

Cimetière de bornes au bord du Camino, Navarre

85
TORRES 1,5
80
VIANA
10
N 111
TORRES 0,5
ESTELLA

6 MAI

J'ai la nostalgie d'une de ces vieilles routes sinueuses et inhabitées qui mènent hors des villes… Une route qui conduise aux confins de la terre… Où l'esprit est libre…

HENRY DAVID THOREAU

Aubrac, Lozère

7 MAI

Les rivières sont des chemins qui marchent, et qui portent où l'on veut aller.

BLAISE PASCAL
Discours sur les passions de l'amour

Chaos rocheux dans le Sidobre, près de Castres, Tarn

8 MAI

La vie est un pont : traversez-la mais n'y faites pas votre demeure.

SAINTE CATHERINE DE SIENNE

Le Pont-Vieux sur le Gave, Orthez, Pyrénées-Atlantiques.

9 MAI

Vivre à même l'éternité, c'est vivre au jour le jour.

EMIL MICHEL CIORAN
La Tentation d'exister

Repos près de l'église Saint-Loup d'Asnois, Nièvre.

10 MAI

Les sentiers battus n'offrent guère de richesse…

Les autres en sont pleins.

JEAN GIONO
La Chasse au bonheur

Entre Vézelay et Le Puy-en-Velay,
Yann et Uriel se frottent aux ciels bas du Massif central.

11 MAI

Un homme ne va jamais plus loin que lorsqu'il ignore où il va.

OLIVIER CROMWELL

Pont de San Miguel de Jaca
sur le Camino Aragonés, Aragon.

12 MAI

J'ai tout aimé. C'est mon honneur. Vous ne me retirerez pas cela. Non pas cela. Pas cette faim en moi des autres jusqu'à m'enivrer, pas cette gourmandise-là. Tous les chemins courent entre les haies d'été vers la rencontre heureuse d'Emmaüs. Et nous sommes sauvés et nous ne le dirions pas ?

XAVIER GRALL
L'Inconnu me dévore

Le chemin en Bourbonnais, Allier.

13 MAI

Le cœur de l'homme pense sa route,

Mais c'est Dieu qui dirige ses pas.

LIVRE DES PROVERBES

Castille-et-León.

22 FROMISTA
Camino de
Santiago

14 MAI

L'art de la vie, de la vie du poète, c'est d'être occupé sans avoir rien à faire.

HENRY DAVID THOREAU
Journal

Albergue de Ligonde, Galice.

Camino de Santiago
Camino

15 MAI

Je suis venu chez vous pour vous demander :

Comment faut-il vivre ? Et vous m'avez répondu : En travaillant.

Et je le comprends bien. Je sens que travailler, c'est vivre sans mourir.

RAINER MARIA RILKE
Lettre à Auguste Rodin

Au sortir des gorges du Lot, la *Via Podiensis* fait halte dans le village médiéval d'Estaing, Aveyron.

16 MAI

Par les soirs bleus d'été, j'irai dans les sentiers,
Picoté par les blés, fouler l'herbe menue :
Rêveur, j'en sentirai la fraîcheur à mes pieds.
Je laisserai le vent baigner ma tête nue.

ARTHUR RIMBAUD
« Sensation », *Poésies*

Chemin antique en Bourgogne.

17 MAI

Toutes choses
Proches ou lointaines,
Secrètement
Sont reliées les unes aux autres,
Et vous ne pouvez toucher une fleur
Sans déranger une étoile.

FRANCIS THOMPSON
Poèmes

La Romieu, Gers.

18 MAI

Lumière, souveraine de la nature,
Qui appelle toute force vive à d'innombrables métamorphoses,
Qui noue et dénoue perpétuellement ses alliances
Et nimbe de son image céleste toute créature !

NOVALIS
Hymne à la nuit

Ancienne voie gallo-romaine en Bretagne.

19 MAI

Le touriste visite, le pèlerin est visité.

GUY DUTEY

Peinture murale de saint Jacques pèlerin,
église de Saint-Révérien, Nièvre.

20 MAI

Ce que je fais m'apprend ce que je cherche.

PIERRE SOULAGES

Voûtes romanes et vitraux contemporains
de Pierre Soulages, Sainte-Foy de Conques, Aveyron.

21 MAI

L'amour, c'est toujours emporter quelqu'un sur un cheval.

JEAN GIONO
Le Chant du monde

Sur les hauteurs de Saint-Jean-Pied-de-Port,
Pyrénées-Atlantiques.

22 MAI

Le plus grand danger pour la plupart d'entre nous n'est pas que notre but soit trop élevé et que nous le manquions, mais qu'il soit trop bas et que nous l'atteignions.

MICHEL-ANGE

La *Via Podiensis* « à l'horizontale », Haute-Loire.

23 MAI

Et je m'en fus en suivant le regard de mes yeux.

ANONYME
Récit d'un pèlerin russe

Daphné et Diwall à travers les monts d'Arrée,
terre de pèlerinage et porte sur l'autre monde, Finistère.

24 MAI

Tu feras ton chemin de la largeur de tes épaules. Il te sera donné la grande facilité de porter souvent le sac des autres, d'être au bord des routes comme une fontaine et tu aimeras les étoiles.

JEAN GIONO
Le Grand Troupeau

Berger dans la Meseta, Castille-et-León.

25 MAI

Vous n'irez pas à lui par la théologie. Si Dieu était explicable ou démontrable, il ne serait pas. Ce n'est que par la tendresse que vous le découvrirez. Vous franchirez avec les ans, les unes après les autres, les portes du palais. Il sera tout au bout, il sera tout au fond comme un grand soleil qui féconde et caresse.

XAVIER GRALL
L'Inconnu me dévore

La *Via Lemovicensis* en Bourgogne.

26 MAI

La route, c'est la vie.

JACK KEROUAC
Sur la route

Itero de la Vega, Castille-et-León.

ALBERGUE
RESTAURANTE
POSADA DE ITERO
en el centro del
MENÚ

27 MAI

Dieu s'est fait homme pour que l'homme se fasse Dieu.

SAINT IRÉNÉE DE LYON
Contre les hérésies

Croix de Santo Toribio, mont-joie
tourné vers Astorga, Castille-et-León.

28 Mai

Sur les traces de leurs pères, ils sont revenus changés, et cette mutation, inexpliquée mais ressentie jusqu'au profond de leurs moelles, a déterminé leur existence à venir.

RAYMOND OURSEL
Les Chemins de Compostelle

Puente la Reina, Navarre.

29 MAI

Jésus marchait sur les eaux irritées.

La lanterne nous le montra debout, blanc et des tresses brunes, au flanc d'une vague d'émeraude…

ARTHUR RIMBAUD
« Une saison en enfer », *Poésies*

Le bout du chemin au sommet des falaises du Cabo Fisterra, Galice.

30 MAI

Les fleuves vont à la mer,
Les routes à Compostelle.
Les chemins mènent aux hommes,
Seuls les sentiers vers Dieu.

UN PÈLERIN SUR LA *VIA PODIENSIS*

Chemin de mai en Bourgogne.

31 MAI

Ô mes routes, mes amies, mes tziganes, dans les matins frais et les soirs dorés ! C'est entendu : elles sont trouées d'ornières, tachées de bouses, elles tournent sans prévenir, glissent dans les vallons, se raidissent dans les hauts, buttent à l'échine des granges.

XAVIER GRALL
Et parlez-moi de la terre...

Galice.

1er JUIN

Il est des rencontres fertiles qui valent bien des aurores.

Elles – au premier chef – simplifient et allègent l'entente avec soi-même.

RENÉ CHAR
Lettre à Albert Camus

Croix de granit près de Malbouzon, Lozère.
Double page précédente > Chez Simone, grand-mère de bien des pèlerins bretons.

2 JUIN

Nous octroyons à tous les frères chevaliers le manteau blanc, puisqu'ils ont abandonné une vie de ténèbres, afin qu'ils se reconnaissent comme réconciliés avec le Créateur, la blancheur étant le signe de la pureté.

RÈGLE PRIMITIVE DE L'ORDRE DU TEMPLE

Auberge des pèlerins à Manjarín, Castille-et-León.

Cerrado
de
22 a 7 horas
NON NOBIS
DOMINE
SED NOMINI

3 JUIN

Nos compagnons sont mal couchés
Si vieilles paillasses vous avez
S'y coucheront, s'y coucheront
La part à Dieu s'il vous plaît

CHANT MÉDIÉVAL

« L'Esprit du Chemin »,
gîte à Saint-Jean-Pied-de-Port, Pyrénées-Atlantiques.

Refuge
de pèlerins
par pèlerins
pour pèlerins

4 JUIN

N'importe quelle puce, telle qu'elle est en Dieu, est plus noble que le plus élevé des anges, en lui-même.

MAÎTRE ECKHART

Badaud canin en Castille.

5 JUIN

Ce que l'homme fait avec le monde naturel est le résultat de ce qu'il pense de la nature.

JOSEPH SITTLER

Fenêtre du sanctuaire de Bathala, chef-d'œuvre de l'art gothique portugais, Centre Portugal.

6 JUIN

On se demande parfois si la vie a un sens...

Et puis on rencontre des êtres qui donnent un sens à la vie.

BRASSAÏ

Un chapeau orné des fleurs glanées en chemin, pour Alain,
pérégriner est un acte poétique et fraternel, Galice.

7 JUIN

Qui aime se transforme toujours en l'être aimé.

SAINT BERNARDIN DE SIENNE

La cité médiévale de Zamora se reflète dans le Duero, Castille-et-León.

8 JUIN

Je sens des extases, des ravissements inexprimables, à me fondre, pour ainsi dire, dans le système des êtres, à m'identifier avec la nature entière.

JEAN-JACQUES ROUSSEAU
Les Rêveries du promeneur solitaire

Portail roman de l'église
Saint-Martial du Douhet, Charente-Maritime.

9 JUIN

Arbres
Point de rencontre du sol et du ciel
Du souterrain et de l'aérien
De la taupe et de l'oiseau
Du caché et de l'exprimé
De l'interne et de l'externe
Du corporel et du spirituel.

GILLES SERVAT
Arbres

Cloître de Saint-Guilhem-le-Désert, Hérault.

10 JUIN

Qui suis-je Seigneur ?

Tu es celle qui n'est pas, Je suis Celui qui est !

SAINTE CATHERINE DE SIENNE
Le Livre des dialogues

Visage du Christ en croix, vitrail de Marc Chagall
dans la cathédrale de Reims, Marne.

11 JUIN

N'essaie pas de distinguer celui qui est digne de celui qui ne l'est pas, que tous soient égaux à tes yeux pour les aimer et les servir. Tu accorderas les mêmes bienfaits, les mêmes honneurs à l'infidèle et à l'assassin, lui aussi est un frère pour toi puisqu'il t'est consubstantiel.

SAINT ISAAC LE SYRIEN
Œuvres spirituelles

Peintures murales du XIVe siècle,
église du Saint-Sépulcre, Villeneuve-d'Aveyron, Aveyron.

12 JUIN

Passer sans laisser de trace est peut-être la meilleure façon de conquérir le temps et l'univers.

MARINA TSVETAEVA
Poèmes de la fin

L'apposition du tampon dans la *credencial* se joint traditionnellement au lavement des pieds de ceux qui font halte à l'ancien ermitage San Nicolás, Castille-et-León.

Camino de Santiago
Credencial que expide:
Fecha:
A favor de:
DNI:
Dirección:
Comienza la peregrinación en
a Santiago de Compostela:
a pie
en bicicleta
a caballo
En las casillas deberá figurar el sello de cada localidad (al menos uno por día) con la fecha, para acreditar su paso.
"Dios ayuda y Santiago" (D.A.Y.S.I.)
Cumplió la Peregrinación.
Sello:
Certificación de Paso
FIRMAS Y SELLOS
ALBERGUE EL PUNTIDO HONTANAS
AREA
Km. 469
BURGOS
Fecha:
El Camino de Santiago es un camino de Peregrinación
"La historia de la Iglesia nos ha legado un gran patrimonio de fe y de piedad cristiana en el Camino de Santiago. Corresponde, por tanto, a la Iglesia la responsabilidad pastoral de la custodia de este legado"
(Obispos del camino)
"El Camino de Santiago fue, durante siglos, un camino de conversión y de extraordinario testimonio de fe"
(Juan Pablo II a los jóvenes en 1989)

13 JUIN

Que serait la marche sans ces sœurs terrestres, sans leur paisible stabilité, sans leur bonhomie ? Ce ne serait qu'une sèche déambulation, privée de bonté, de sensualité, de toutes ces douceurs qui rendent parfois viable l'impossible.

ÉDITH DE LA HÉRONNIÈRE
La Ballade des pèlerins

Limousine de rencontre.

14 JUIN

Que celui qui écoute dise : Viens !

Et que l'homme assoiffé s'approche,

Que l'homme de désir reçoive l'eau de la vie,

Gratuitement.

LIVRE DE L'APOCALYPSE

Depuis dix ans, les enfants du hameau de La Roche occupent leur temps libre en offrant aux marcheurs partis du Puy-en-Velay des boissons *gratis pro deo* et une lecture altruiste du chemin, Haute-Loire.

BOISSON GRAT

15 Juin

Nature multiple, changeante ; masquée, dure et sensible. Souvent pour nous peu saisissable. Assurément, chacun appelle barbare ce qui n'est pas dans son usage.

MICHEL DE MONTAIGNE
Les Essais

Manechs tête noire et vertige des Pyrénées-Atlantiques.

16 JUIN

Dès que je marche, aussitôt je suis deux.

Mon corps et moi : un couple, une rengaine.

Véritablement l'âme, c'est le témoin du corps.

FRÉDÉRIC GROS
Marcher, une philosophie

Hauts-reliefs relatant la vie de saint Jacques le Majeur, transept sud de la cathédrale d'Amiens, Somme.

17 JUIN

Je vous donnerai un cœur nouveau
Et donnerai un souffle nouveau en vos entrailles.
J'ôterai le cœur de pierre de votre chair,
Et je vous donnerai un cœur de chair.

LIVRE D'ÉZÉCHIEL

Vers le col de Roncevaux.

18 JUIN

Qui trop écoute la météo, passe sa vie au bistrot.

DICTON DE MARIN BRETON

« Chez les Sœurs Riou »,
Saint-Jacques de Tréméven, Côtes-d'Armor.

19 JUIN

Il est aussi difficile de se voir soi-même

Que de regarder en arrière sans se retourner.

HENRY DAVID THOREAU

Le pont de Molinaseca, Castille-et-León.

20 JUIN

Le véritable voyage de découverte ne consiste pas à chercher de nouveaux paysages, mais à avoir de nouveaux yeux.

MARCEL PROUST
À la recherche du temps perdu

L'un des seize « curieux » sculptés sur l'archivolte du tympan de Sainte-Foy de Conques, Aveyron.

21 JUIN

L'homme-individu est essentiellement famille, tribu, nation. Tandis que l'humanité, elle, n'a pas encore trouvé autour de soi d'autres Humanités pour se pencher sur elle et lui expliquer où elle va.

PIERRE TEILHARD DE CHARDIN
L'Apparition de l'homme

Hauts talus, ajoncs en fleur,
route trempée de pluie, on marche en Bretagne.

22 JUIN

L'art est, comme la prière, une main tendue dans l'obscurité, qui veut saisir une part de grâce pour se muer en une main qui donne.

FRANZ KAFKA
Conversations avec Kafka

Bénédiction de départ,
chapelle de Bodélio Saint-Jean, Finistère.

23 JUIN

Ce n'est pas d'un tête-à-tête ni d'un corps-à-corps, c'est d'un cœur-à-cœur que nous avons besoin.

PIERRE TEILHARD DE CHARDIN

Les prophètes du *Pórtico da Gloria*, cathédrale de Santiago, Galice.

24 JUIN

Loué sois-tu, Seigneur, pour frère Feu,

Par lequel tu illumines la nuit :

Il est beau et joyeux et robuste et fort.

SAINT FRANÇOIS D'ASSISE
Le Cantique de frère Soleil

Feu de la Saint-Jean.

25 JUIN

Que celui qui a, donne quelque chose.

Que celui qui n'a pas, prenne ce qu'il y a.

INSCRIPTION ANONYME
SUR LE TRONC *DONATIVOS* D'UNE AUBERGE

La « messagerie du Camino »
à l'entrée d'une albergue, Castille-et-León.

PERMANENZA
NYD OPHOLDET!
deze herberg zijn geen vaste slaaptijden
wordt je niet weggestuurd in de ochtend
doe wat je wilt zolang je rekening houdt
de ander.
volgende herberg (met slaaptijden) is 5km verder
Geniet van je verblijf hier!
W TYM SCHRONISKU NIE MA
USTALONYCH GODZIN OTWARCIA
I ZAMKNIĘCIA!
NASTĘPNE SCHRONISKO 5 km DALEJ!
MIŁEGO POBYTU
V TEM HOSTLU NI URE
ZA SPANJE ALI BUJENJE!
SE LEPO!
U ovoj kući nekih čvrstih
zakona nema.
Ide se na spavanje kad hoćeš,
ustaješ se kad hoćeš.
Ako želiš čvrste zakone, druga kuća
je 5 km daleko odavde.
Želimo vam prijatno vrijeme
kod nas!
V TOMTO ALBERGU
NÃO HÁ HORA
НЕТ СТРОГОГО
TÉTO NOCLEHÁRNĚ SE
ZAVÍRACÍ ANI OTVÍRACÍ
MIMOCHODEM, DALŠÍ VESNICE
5 KM.
PARA TI CON CARIÑO

26 JUIN

Nous n'irons pas au but un par un mais deux par deux.

Nous connaissant par deux nous nous connaîtrons tous.

Nous nous aimerons tous et nos enfants riront.

PAUL ÉLUARD
Le Temps déborde

Après la rude ascension jusqu'à la Cruz de Ferro, l'entrée du Bierzo s'opère par une douce descente jusqu'à Molinaseca, Castille-et-León.

27 JUIN

Les tilleuls sentent bon dans les bons soirs de juin !
L'air est parfois si doux, qu'on ferme la paupière ;
Le vent chargé de bruits – la ville n'est pas loin –
A des parfums de vigne et des parfums de bière…

ARTHUR RIMBAUD
« Roman », *Poésies*

Tolède à l'heure où s'éveille
la nuit espagnole, Castille-La Manche.

28 JUIN

Lumière, souveraine de la nature,
Qui appelle toute force vive à d'innombrables métamorphoses,
Qui noue et dénoue perpétuellement ses alliances
Et nimbe de son image céleste toute créature !
Lumière dont la seule présence révèle
La prodigieuse splendeur des règnes d'ici-bas.

NOVALIS
Hymne à la nuit

Croix du pont médiéval de Marchastel, Lozère.

29 JUIN

Comment faire une image de l'Invisible ? Comment représenter ce qui n'a ni quantité, ni grandeur, ni limites ? Si tu as compris que l'Incorporel s'est fait homme pour toi, alors tu peux exécuter son image humaine. Puisque l'Invisible est devenu visible en prenant chair.

JEAN DAMASCÈNE
La Défense des icônes

Visage du Christ, portail occidental
de la cathédrale de Bourges, Cher.

30 JUIN

On ne doit jamais écrire que de ce qu'on aime. L'oubli et le silence sont la punition qu'on inflige à ce qu'on a trouvé laid ou commun, dans la promenade à travers la vie.

ERNEST RENAN
Souvenirs d'enfance et de jeunesse

Maël et Marc sur une route provençale.

GMG2000

PROPRI
ACCÈS

1er JUILLET

L'amour travaille ce monde, secrètement, mystérieusement, et son règne n'en finit pas d'arriver.

XAVIER GRALL
L'Inconnu me dévore

La Vierge romane d'O'Cebreiro, Galice.
Double page précédente > La tête dans les étoiles et les jambes en l'air...

2 Juillet

C'est la relation qui illumine l'être.

Gaston Bachelard
Le Nouvel Esprit scientifique

Si l'habit ne fait pas le moine, la tong ne fait pas le pèlerin…

3 JUILLET

Dans ce réel, tout n'est que bondissement de Vie suprême, solidité, force et puissance, tout n'est que Bien, Bonté, Beauté, Amour, Perfection, Joie pure, Victoire inextinguible !

SAINT TUGDUAL LE JEUNE

Nosa Señora da Barca de Muxía,
grand sanctuaire galicien à quelques
encablures au nord du Cabo Fisterra, Galice.

4 JUILLET

Sous les pas des pèlerins, les sanctuaires sonnent.

Les murs dansent, l'Esprit soulève les cités. C'est la fin de l'exil.

XAVIER GRALL
Arthur Rimbaud, la marche au soleil

Retrouvailles au pied de la cathédrale de Santiago, Galice.

5 JUILLET

Ce n'est pas l'esprit qui est dans le corps, c'est l'esprit qui contient le corps, et qui l'enveloppe tout entier.

PAUL CLAUDEL
Le Soulier de satin

Détail du portail roman de la basilique
Saint-Trophime d'Arles, Bouches-du-Rhône.

6 JUILLET

J'ai embrassé l'aube d'été.

Rien ne bougeait encore au front des palais. L'eau était morte.

Les camps d'ombres ne quittaient pas la route du bois.

J'ai marché, réveillant les haleines vives et tièdes, et les pierreries regardèrent, et les ailes se levèrent sans bruit.

ARTHUR RIMBAUD
« Aube », *Les illuminations*

7 JUILLET

Je préférerais m'asseoir sur un potiron et le posséder bien à moi que d'être à plusieurs sur un coussin de velours.

HENRY DAVID THOREAU
Walden ou la vie dans les bois

Yann, « borné » et pieds nus… Nièvre.

8 JUILLET

Les pèlerins arrivaient, hagards, brûlés de vent, d'air rugueux du solstice. Et ils se prosternaient, parfois dans des oratoires, des abbayes venteuses où les accueillaient des veilleurs de bure, parfois dans l'éclat des cathédrales.

PHILIPPE LE GUILLOU

Le « Botafumeiro », fameux encensoir monumental de la cathédrale de Santiago, Galice.

9 JUILLET

Et tu boiras le Vin de la vigne immuable,
Dont la force, dont la douceur, dont la bonté
Feront germer ton sang à l'immortalité.

PAUL VERLAINE
Sagesse

Vendanges en Bourgogne, Bordelais, Bierzo, Rioja ?

10 JUILLET

Ma calebasse ma compagne
Mon bourdon mon compagnon
La taverne m'y gouverne
L'hôpital c'est ma maison [...]
Compagnon nous faut cheminer
Sans faire demeurance

GRANDE CHANSON DES PÈLERINS DE SAINT-JACQUES

Jour de fête à Bodélio Saint-Jean, Finistère.

11 JUILLET

Ce mystérieux mouvement de la création, ce désir inné dans les âmes, c'est la prière intérieure. On ne peut l'apprendre, car elle est dans tous et en tout.

ANONYME
Récit d'un pèlerin russe

Les trémières dressent une muraille végétale autour de Santa María de Leboreiro, Galice.

12 JUILLET

Si un plus grand nombre d'entre nous préférait la nourriture, la gaieté et les chansons aux entassements d'or, le monde serait plus rempli de joie.

J.R.R. TOLKIEN
Bilbo le Hobbit

Quitter Nevers, c'est d'abord faire étape à la ferme d'Embraud à Château-sur-Allier et, peut-être, avoir la chance de goûter aux tartes d'Andrée, un jour de fête, Allier.

13 JUILLET

Jusqu'à ce que l'œil ne prenne feu Dieu ne peut être vu.
Jusqu'à ce que l'oreille ne prenne feu Dieu ne peut être entendu.
Jusqu'à ce que la langue ne prenne feu Dieu ne peut être nommé.
Jusqu'à ce que le cœur ne prenne feu Dieu ne peut être aimé.
Jusqu'à ce que l'esprit ne prenne feu Dieu ne peut être connu…

THOMAS STEARNS ELIOT
La Terre vaine et autres poèmes

14 JUILLET

Si quelqu'un croit savoir quelque chose, il n'a pas encore connu comme il faut connaître. Mais si quelqu'un aime Dieu, celui-là est connu de lui.

Épître de saint Paul aux Corinthiens

Dans l'église romane Santa María das Areas de Fisterra, Galice.

15 JUILLET

L'église Saint-Sernin illumine le soir
Une fleur de corail que le soleil arrose
C'est peut-être pour ça malgré ton rouge et noir
C'est peut-être pour ça qu'on te dit Ville rose.

CLAUDE NOUGARO
Toulouse

Basilique Saint-Sernin de Toulouse, Haute-Garonne.

16 JUILLET

Veux-tu vivre heureux ?

Voyage avec deux sacs :

L'un pour donner, l'autre pour recevoir.

GOETHE

Jour de marché à Cahors, Lot.

17 JUILLET

Il y aura plus de joie dans le ciel pour un seul pécheur qui se repent que pour quatre-vingt-dix-neuf justes qui persévèrent.

Évangile selon saint Luc

Notre-Dame-la-Grande de Poitiers, Vienne.

18 JUILLET

N'ayez de dette envers personne sinon celle de l'amour mutuel ; car celui qui aime autrui a de ce fait accompli la loi.

Épître de saint Paul aux Romains

Conseils spirituels prodigués par un jeune moine du monastère Sainte-Présence avant de reprendre la route, Morbihan.

19 JUILLET

Que sont les serviteurs de Dieu, sinon comme ses jongleurs qui doivent élever les cœurs des hommes et les émouvoir de la joie spirituelle ?

SAINT FRANÇOIS D'ASSISE
Le Miroir de perfection

Fin de la grand-messe des pèlerins
dans la cathédrale de Santiago, Galice.

20 JUILLET

Entre amis, il est si beau que le silence soit d'or, mais le rire bon et frais l'est beaucoup plus encore.

FRIEDRICH NIETZSCHE
Par-delà le bien et le mal

Maël, Yann et Uriel au bord d'un chemin berrichon.

21 JUILLET

La liberté alors, c'est une bouchée de pain, une gorgée d'eau fraîche, un paysage ouvert.

Frédéric Gros
Marcher, une philosophie

Port de Fisterra, Galice.

22 JUILLET

[…] Mais… chanter,
Rêver, rire, passer, être seul, être libre,
Avoir l'œil qui regarde bien, la voix qui vibre,
Mettre, quand il vous plaît, son feutre de travers,
Pour un oui, pour un non, se battre, ou - faire un vers !
Travailler sans soucis de gloire ou de fortune,
À tel voyage, auquel on pense, dans la lune !

EDMOND ROSTAND
Cyrano de Bergerac

Plage du Sillon de Saint-Malo,
à destination du Mont-Saint-Michel, Ille-et-Vilaine.

23 JUILLET

Ni la contrainte, ni la sévérité, ne vous ouvriront l'accès de la vraie sagesse, mais bien l'abandon et une joie enfantine. Quoi que ce soit que vous vouliez apprendre, abordez-le avec gaieté.

HENRY DAVID THOREAU
Journal

L'archange Gabriel, portail de la cathédrale de Reims, Marne.

24 JUILLET

Nous devons apprendre à vivre ensemble comme des frères, sinon nous allons mourir tous ensemble comme des idiots.

MARTIN LUTHER KING
Discours du 31 mars 1968

Pèlerins, galiciens et touristes se rassemblent place de l'Obradoiro pour la veillée de la fête nationale espagnole, Galice.

25 JUILLET

L'amour n'est qu'un feu à transmettre.

Le feu n'est qu'un amour à surprendre.

GASTON BACHELARD
La Psychanalyse du feu

Feux de la Saint-Jacques dans le ciel de Santiago, Galice.

26 JUILLET

On avait dressé pour eux les autels, les croix, les parures de vermeil. En ce temps, on aimait le sacré, le faste, la religion était une subtile alchimie qui savait concilier la terre et le faste, la parade et la pénitence.
Christianisme archaïque, puissant et baroque à la source duquel nous ferions bien de puiser encore.

PHILIPPE LE GUILLOU

Pèlerins en prière, retable du XVIIe siècle, église Saint-Jacques d'Ourdis-Cotdoussan, Hautes-Pyrénées.

27 JUILLET

Noces de l'homme avec la terre,

Entente amoureuse de la terre et de l'homme,

Entrée de l'homme dans les fêtes de la terre et de la beauté...

ALBERT CAMUS
Noces

Sur la *Via de la Plata* entre
Tolède et Salamanque, Castille-et-León.

28 JUILLET

Là où est la musique, il n'y a pas de place pour le mal.

MIGUEL DE CERVANTÈS
Don Quichotte

Chapiteau du chœur de l'église
de Lacommande, Pyrénées-Atlantiques.

29 JUILLET

Nous valons ce que valent nos joies.

SAINT THOMAS D'AQUIN

Notre-Dame de Fenioux, Charente-Maritime.

30 JUILLET

Dieu ne parle pas, mais sa voix est distincte ;

Il éclaire peu, mais sa lumière est pure.

NICOLAS MALEBRANCHE
De la recherche de la vérité

Jeunes pèlerines de Fátima, Centre Portugal.

31 JUILLET

L'espérance d'une joie est presque égale à la joie.

WILLIAM SHAKESPEARE
La Vie et la mort du roi Richard II

Tampon de l'ancien ermitage
San Nicolás à Itero del Castillo, Castille-et-León.

1er AOÛT

Un point qui se place dans le cercle
Qui se trouve dans le carré et le triangle.
Si vous trouvez le point
Vous êtes sauvés
Tirés de peine, angoisse, danger.

VIEIL ADAGE DES TAILLEURS DE PIERRE

Coupole de l'église Santo Sepulcro, Torres del Río, Navarre.
Double page précédente > Le Puy-en-Velay, Haute-Loire.

2 Août

Il nous faut encore grimper un bon bout de chemin, lentement, mais toujours plus haut, afin de gagner un point de vue bien dégagé sur notre vieille civilisation.

Friedrich Nietzsche
Correspondance

Logroño, La Rioja.

3 AOÛT

La canne que reçoit le compagnon lui permet de se rappeler qu'il doit toujours prendre la route pour se remettre en cause et rechercher l'inaccessible étoile qui a pour nom perfection.

FRANÇOIS LE PROVENÇAL,
COMPAGNON DU TOUR DE FRANCE

Les attributs du pèlerin ornent la façade de l'ancien hôtel des abbés de Cluny, aujourd'hui musée du Moyen Âge au cœur du Quartier latin, Paris.

VIRE DE
REGNA

4 AOÛT

Jamais le soleil ne voit l'ombre.

LÉONARD DE VINCI

Palloza d'O'Cebreiro, Galice.

5 AOÛT

Les grands hommes, les génies, les saints, n'ont fait de grandes choses que parce qu'ils étaient inspirés par un grand idéal. On a besoin d'accrocher sa charrue aux étoiles.

RALPH WALDO EMERSON

Basilique Saint-Seurin à Bordeaux, Gironde.

6 AOÛT

Le rêve chemine linéairement, oubliant son chemin en courant. La rêverie travaille en étoile. Elle revient à son centre pour lancer de nouveaux rayons.

GASTON BACHELARD
La Psychanalyse du feu

Vitrail de la cathédrale de Bourges, Cher.

IOSEPH: SOMIDIAT

7 AOÛT

J'ai vu un ange dans le marbre…

Et j'ai seulement ciselé jusqu'à l'en libérer.

MICHEL-ANGE

Visage de l'archange Michaël,
façade de la basilique Saint-Gilles-du-Gard, Gard.

L'ÉTOILE

8 AOÛT

Le génie est le phare.

Dieu est l'étoile.

VICTOR HUGO
Choses vues

La pointe Saint-Mathieu, Finistère.

9 AOÛT

Celui qui n'ose pas regarder le soleil en face ne sera jamais une étoile.

WILLIAM BLAKE

Petit sanctuaire au bord de la *Via de la Plata*,
près de Zamora, Castille-et-León.

10 AOÛT

C'est au moment où tout en vous est retombement, glissement vers le sommeil, que vous connaissez l'élan rapide, le suspens léger de la lune au ciel de minuit. Il faut l'asphyxie de toute l'âme par une pensée qui flambe des heures et l'étouffe de sa fumée, il faut l'oreille rompue par la phrase intérieure pareille aux coques de pavots, pour connaître le chant aérien dans les feuillages et sa déchirante liberté.

GUSTAVE ROUD
Petit traité de la marche en plaine

En quittant Lacommande, Pyrénées-Atlantiques.

11 Août

Ainsi le temps qui passe éclaire toutes choses pour le profit des hommes… C'est en comprenant comment une chose en illumine une autre que les hommes ont atteint le sommet de la perfection artistique.

LUCRÈCE

L'église ronde du château de Tomar est la quintessence de l'architecture templière. Le sanctuaire devint le couvent de l'ordre du Christ après l'éradication des Templiers, Centre Portugal.

12 AOÛT

Choisissez une étoile, ne la quittez pas des yeux.

Elle vous fera avancer loin, sans fatigue et sans peine.

ALEXANDRA DAVID-NÉEL

Chevet roman de l'église Sainte-Marie de Nasbinals, Lozère.

13 Août

Je vous salue bourlingueurs du monde entier [...] qui partez sans femmes ni amis, à la recherche de ce qui vous dépasse et que vous ne rejoindrez jamais. Et cette impossibilité donne la mesure de votre grandeur.

Xavier Grall
Arthur Rimbaud, la marche au soleil

La Meseta, Castille-et-León.

14 AOÛT

Les coquillages figurants
Sous les sunlights cassés liquides
Jouent de la castagnette tant
Qu'on dirait l'Espagne livide
Dieu des granits ayez pitié
De leur vocation de parure
Quand le couteau vient s'immiscer
Dans leur castagnette figure

LÉO FERRÉ
La Mémoire et la Mer

Construction emblématique de Salamanque, la Casa de las Conchas rappelle la présence au XVe siècle de l'ordre de Saint-Jacques sur la *Via de la Plata*, Castille-et-León.

15 Août

Vous nous voyez marcher sur cette route droite,
Tout poudreux, tout crottés, la pluie entre les dents.
Sur ce large éventail ouvert à tous les vents
La route nationale est notre porte étroite.

CHARLES PÉGUY
La Tapisserie de Notre-Dame

Notre-Dame de la Belle Verrière, l'un des 176 vitraux de la cathédrale de Chartres, Eure-et-Loir.

16 Août

Cette marche à l'étoile
Au désert
Qu'y perds-tu dans la nuit
« Naufragé »?
Si loin de toi es-tu
Égaré sur le seuil
Du visage infini
Qui t'appelle.

Pierre Bourges
« Le chemin... » dis-tu ?...

Cathédrale fortifiée de Tui,
sur le Caminho Português, aux portes de la Galice.

17 Août

Je suis comme un milieu entre Dieu et le néant.

RENÉ DESCARTES
Méditations métaphysiques

Détail du portail méridional
de la cathédrale de Bourges, Cher.

18 AOÛT

Je voulais vivre intensément et sucer la moelle de la vie.

Et ne pas, quand je viendrai à mourir, découvrir que je n'aurai pas vécu.

HENRY DAVID THOREAU
Journal

Lande armoricaine, Finistère.

19 AOÛT

La croissance de l'homme ne s'effectue pas de bas en haut, mais de l'intérieur vers l'extérieur.

FRANZ KAFKA
Conversations avec Kafka

Église Saint-Hilaire de Melle, Deux-Sèvres.

20 AOÛT

Qui est parvenu […] à la liberté de la raison ne peut rien se sentir d'autre sur terre que voyageur, […] aussi ne devra-t-il pas attacher trop fortement son cœur à rien de particulier ; il faut qu'il y ait en lui une part vagabonde, dont le plaisir soit dans le changement et le passage…

FRIEDRICH NIETZSCHE
« Le voyageur et son ombre », *Humain, trop humain*

La *Via Podiensis* en Haute-Loire.

21 AOÛT

Toute beauté est fondée sur les lois des formes naturelles. L'architecture d'une ville est d'émouvoir et non d'offrir un simple service au corps de l'homme.

JOHN RUSKIN

Lodève, étape du chemin d'Arles en Languedoc.

22 Août

Comment supporter, comment sauver le visible, si ce n'est en faisant le langage de l'absence, de l'invisible ? Et comment parler cette langue qui reste muette, à moins qu'on ne la chante éperdument, sans aucune velléité de se faire comprendre.

RAINER MARIA RILKE
Lettre à Sophie Giauque

Lectoure émerge des vapeurs de l'aube, Gers.

23 AOÛT

Ah ! Tournesol, si las du temps,
Qui compte le pas du Soleil,
En quête du doux pays doré
Où prend fin le trajet du voyageur.

WILLIAM BLAKE
Chants d'expériences

24 AOÛT

La musique est une révélation plus haute que toute sagesse et toute philosophie.

LUDWIG VAN BEETHOVEN

Les Anciens de l'Apocalypse représentés sur la voussure supérieure du portail roman d'Oloron-Sainte-Marie, Pyrénées-Atlantiques.

25 Août

Enfin, ô bonheur, ô raison, j'écartais du ciel l'azur, qui est du noir, et je vécus, étincelle d'or et de la lumière nature.

Arthur Rimbaud
Une saison en enfer

Vierge de Biakorri près du col de Bentarte, Pyrénées-Atlantiques.

26 Août

Refusez les dogmes, diffusez l'Esprit !

Ernest Renan

Anciennes tanneries et
Pont-Vieux sur l'Olt à Espalion, Aveyron.

27 AOÛT

La faim est un nuage d'où il tombe une pluie de science et d'éloquence. La satiété est un autre nuage qui fait pleuvoir une pluie d'ignorance et de grossièreté.

PLATON

Clocher de Los Arcos, Navarre.

28 AOÛT

Chercher à se perfectionner,
Oser partir loin de chez soi,
Marcher sur les routes de la découverte,
Progresser dans la connaissance,
Apprendre le plus précieux des arts qu'on appelle
Géométrie,
Naître à une nouvelle vie
Orientée toujours vers le beau.
Ne pas asservir, ne pas se servir mais servir !

BORDELAIS LE SOUTIEN DU DEVOIR,
COMPAGNON DU TOUR DE FRANCE

Prouesse architecturale du compagnonnage,
le clocher tors de Barran est le plus méridional de France, Gers.

29 AOÛT

La terre se nourrit d'empreintes […]

Le ciel se nourrit d'ailes.

MIGUEL ANGEL ASTURIAS
« La chasse », *Claireveillée de printemps*

Tête au sol et pieds en l'air, repos du pèlerin et répit du bâton.

30 Août

Et pendant qu'à longs plis l'ombre levait son voile,
J'entendis une voix qui venait de l'étoile
Et qui disait : – Je suis l'astre qui vient d'abord.
Je suis celle qu'on croit dans la tombe et qui sort.

VICTOR HUGO
« Stella », *Les Châtiments*

Ría de Corcubión, Galice.

31 Août

La connaissance du réel est une lumière qui projette toujours quelque part des ombres.

Gaston Bachelard
La Formation de l'esprit scientifique

Autoportrait sur la muraille
du Mont-Saint-Michel, Haute-Normandie.

1er SEPTEMBRE

Ceux qui prient font plus pour le monde que ceux qui combattent, et si le monde va de mal en pis, c'est qu'il y a plus de combats que de prières !

JUAN DONOSO CORTÉS

Calvaire du XVIe siècle à Melide, Galice.
Double page précédente > Vitrail de Notre-Dame-du-Crann en Spézet, chef-d'œuvre des maîtres verriers Le Saudec, daté de 1548, Finistère.

2 SEPTEMBRE

Il n'y a d'homme plus complet que celui qui a beaucoup voyagé, qui a changé vingt fois la forme de sa pensée et de sa vie.

ALPHONSE DE LAMARTINE
Voyage en Orient

Des coquilles constellent le plafond de « l'Ospital-ia » Bodélio. Chaque pèlerin laisse ainsi dans la mémoire du lieu une trace de son passage, Finistère.

ULTREIA !
Rosa
18 MAI
Odile
St Jacques
13 MAI 2007
Riwan
23.08.06
Pointe St Mathieu
vers
St Jacques de Compostelle
15 août 2006
Thierry
BRIEC
Compostelle

3 Septembre

Étonnants voyageurs ! Quelles nobles histoires
Nous lisons dans vos yeux profonds comme les mers !
Montrez-nous les écrins de vos riches mémoires,
Ces bijoux merveilleux, faits d'astres et d'éthers.
Dites, qu'avez-vous vu ?

Charles Baudelaire
« Le Voyage », *Les Fleurs du mal*

Port de Fisterra, Galice.

4 Septembre

Le merci doit tenir une très grande place dans nos prières, car la bonté de Dieu précède tous nos actes.

CHARLES DE FOUCAULD

Ex-voto dans la cathédrale Saint-Front de Périgueux, Dordogne.

MERCI
Merci
MERCI
Merci
MERCI
MERCI
Merci
MERCI
MERCI
Merci
Merci
Merci
MERCI
Merci
Remerciements
MERCI
MERCI
Merci
Merci
MERCI
à St ANTOINE
Ayez pitié de mo
Toujours
1933 B.R.
MERCI
J.P.
MERCI
P.C.
MERCI
H.M.
Merci
H.M.
RECONNAISSANC
A ST ANTOINE

5 Septembre

C'est seulement en présence du beau que l'homme éprouvera une intuition de son humanité totale, qu'il se sentira entièrement homme.

FRIEDRICH VON SCHILLER
Lettre sur l'éducation esthétique de l'homme

Le « palmier » de l'église
des Jacobins de Toulouse, Haute-Garonne.

6 Septembre

L'art, c'est la plus sublime mission de l'homme, puisque c'est l'exercice de la pensée qui cherche à comprendre le monde et à le faire comprendre.

Auguste Rodin

Voûtes de la chapelle Saint-Michel
d'Aiguilhe du Puy-en-Velay, Haute-Loire.

7 Septembre

Avec le temps, la passion des grands voyages s'éteint, à moins qu'on n'ait voyagé assez longtemps pour devenir étranger à sa patrie.

GÉRARD DE NERVAL
Les Nuits d'octobre

Dans le refuge de Arroyo San Bol, Castille-et-León.

Carr

8 Septembre

La mémoire n'est-elle pas un voyage dans le temps ?

JACQUES LACARRIÈRE

L'amphithéâtre romain de Saintes, Charente-Maritime.

9 Septembre

Ayant franchi les flots, les monts, les bois horribles,
Ils venaient de si loin, qu'ils en étaient terribles ;
Et ces grands chevaliers mêlaient à leurs blasons
Toute l'immensité des sombres horizons.

Victor Hugo
« Les Chevaliers errants », *La Légende des siècles*

Gisant dans l'église de La-Commanderie-de-Caubin,
Arthez-de-Béarn, Pyrénées-Atlantiques.

10 Septembre

La voie, lorsqu'elle est ancienne, remonte parfois jusqu'au fond des âges, nous met en relation avec les ancêtres et le monde des morts. [...] Comme elles conduisent à travers l'espace, elles peuvent également transporter à travers le temps.

GWENC'HLAN LE SCOUËZEC
Bretagne, terre sacrée

Vieux chemin près de Quimperlé, Finistère.

11 Septembre

Et ces routes de terre ou de goudron gercé sont grands chemins de l'esprit. Car voilà bien que ces cantonales sont voies de pardons et pèlerinage, qu'elles allument dans ma gorge de vieux cantiques, qu'elles sont proprement routes processionnelles et religieuses par l'abondance des chapelles qu'elles rejoignent et relient. Mes routes sacrées, je vous salue !

Xavier Grall
Et parlez-moi de la terre...

Ancienne voie gallo-romaine
à la Trinité en Melgven, Finistère.

12 SEPTEMBRE

N'oublions pas que ce n'est pas le nombre et la longueur de ses branches, mais la profondeur et la santé de ses racines qui font la vigueur d'un arbre.

GUSTAVE THIBON
L'Équilibre et l'Harmonie

La chapelle Saint-Sixte d'Eygalières, Bouches-du-Rhône.

13 Septembre

Nous allons devant nous, les mains le long des poches,
Sans aucun appareil, sans fatras, sans discours,
D'un pas toujours égal, sans hâte, ni recours,
Des champs les plus présents vers les champs les plus proches.

Charles Péguy
La Tapisserie de Notre-Dame

Dans le Gers.

14 Septembre

Les mythes que nous tissons, même s'ils renferment des erreurs, reflètent inévitablement un fragment de la vraie lumière, cette vérité éternelle qui est avec Dieu.

J.R.R. Tolkien

Crypte de Saint-Girons à Hagetmau, Landes.

15 Septembre

De même que la vérité est la fin de la connaissance rationnelle, de même la beauté est la fin de l'espérance, même si elle est irrationnelle dans sa base.

Miguel de Unamuno
Du sentiment tragique de la vie

La cathédrale de Salamanque, Castille-et-León.

16 SEPTEMBRE

Nous ne sommes pas des êtres humains vivant une expérience spirituelle, mais des êtres spirituels vivant une expérience humaine.

PIERRE TEILHARD DE CHARDIN

Fresque de saint Georges terrassant le dragon à Ébreuil, Allier.

17 SEPTEMBRE

L'homme n'est qu'un compagnon voyageur des autres espèces dans l'odyssée de l'évolution.

ALDO LEOPOLD
Almanach d'un comté des sables

Famille asine en Bourgogne.

18 Septembre

Un passant se promenant sur le chantier d'une cathédrale aperçoit trois tailleurs de pierre semblant faire le même travail.
S'approchant vers eux, il pose à chacun la même question :
– Que fais-tu ?
– Je taille une pierre, répond le premier.
– Je gagne ma vie, réplique le second.
– Je construis une cathédrale, dit enfin le troisième.
Celui-là était un Compagnon du devoir.

Anonyme

La cathédrale Notre-Dame d'Amiens, Somme.

19 Septembre

Les concepts créent les idoles de Dieu, l'émerveillement seul pressent quelque chose ou plutôt quelqu'un.

Saint Grégoire de Nysse

Le Chemin dans les Pyrénées.

20 SEPTEMBRE

La ligne qui est droite vient de l'homme…

celle qui est courbe, de Dieu !

ANTONI GAUDÍ

Palais épiscopal dessiné par Antoni Gaudí
et cathédrale d'Astorga, Castille-et-León.

21 SEPTEMBRE

D'innombrables pas nous ont conduits jusqu'en ce lieu alors qu'un seul suffit pour aller à la vie. À quoi bon marcher davantage ? Ai-je fait ce pas, trouvé le chemin qui me fera passer de l'existence à la vie ?

LÉONNARD LEROUX
Plus loin que nos pas

Visage primitif dans l'église Saint-Jacques
de Viellenave-sur-Bidouze, Pyrénées-Atlantiques.

22 Septembre

Nous allons vers l'Est quand il faut comprendre l'histoire, étudier l'art et la littérature, en remontant les traces de notre race. Nous allons vers l'Ouest comme vers l'avenir, avec un esprit d'aventures et d'entreprises.

HENRY DAVID THOREAU
Marcher

Saint-Michel-en-Grève, Côtes-d'Armor.

23 SEPTEMBRE

La prière ne peut avoir de but plus important qu'elle-même : elle est le but le plus important de l'acte le plus important.

PÈRE MATTA EL MASKINE

Oratoire carolingien de Germigny-des-Prés, Loiret.

24 SEPTEMBRE

Il faut regarder longtemps un animal avant d'être capable de dire ce qu'il fait, mais il faut plus de temps encore pour apprendre à regarder.

BARRY LOPEZ
Rêves arctiques

Chapiteau des Éléphants, église Saint-Pierre d'Aulnay-de-Saintonge, Charente-Maritime.

25 Septembre

Si la beauté nous révélait son secret, nous pénétrerions dans l'intimité de la nature.

Henri Bergson
La Pensée et le Mouvant

Santa María de Burgos, l'une des trois plus grandes cathédrales d'Espagne avec celles de Séville et de Tolède, Castille-et-León.

26 SEPTEMBRE

Le seul sentiment du sacré que je possède, ou du moins ce que je m'imagine ressembler de très loin à ce que d'autres appellent le sacré, est lié à la contemplation émerveillée d'une plante ou d'un animal.
Donc, tout ce qui menace leur survie, j'en souffre, oui.

CLAUDE LÉVI-STRAUSS

Manech tête noire au bord du chemin,
Pyrénées-Atlantiques.

27 Septembre

Dans la nature visible, la graine porte l'arbre en elle, et chaque feuille est une image du tout.

JOHANN GOTTFRIED VON HERDER
Silves critiques

Les Alyscamps, Arles, Bouches-du-Rhône.

28 Septembre

Et cette racine ? Il aurait sans doute fallu que je me la représente comme une griffe vorace, déchirant la terre, lui arrachant sa nourriture ?

JEAN-PAUL SARTRE
La Nausée

Tombeaux antiques dans la nécropole
des Alyscamps à Arles, Bouches-du-Rhône.

29 SEPTEMBRE

Rien ne va de soi.

Rien n'est donné.

Tout est construit.

GASTON BACHELARD
La Formation de l'esprit scientifique

Châtel-de-Neuvre, à mi-chemin entre
Vézelay et Le Puy-en-Velay, Allier.

30 SEPTEMBRE

L'homme se trouve renvoyé à lui-même. Il est arrivé au bout de tout, mais il n'est pas arrivé au bout de lui-même.

PAUL VIRILIO

Saint-Guilhem-le-Désert, Hérault.

1er OCTOBRE

Une randonnée à pied doit se faire seul, car la liberté est essentielle ; parce que vous devez être libre de vous arrêter et de continuer, et de suivre ce chemin-ci ou cet autre, au gré de votre fantaisie ; et parce que vous devez marcher à votre allure.

ROBERT LOUIS STEVENSON
Voyage avec un âne dans les Cévennes

Baie de Saint-Brieuc, Côtes-d'Armor.
Double page précédente > Talmont-sur-Gironde, Charente-Maritime.

2 OCTOBRE

Car enfin, qu'est-ce qu'un homme dans la nature ? Un néant à l'égard de l'infini, un tout à l'égard du néant, un milieu entre rien et tout.

BLAISE PASCAL
Pensées

Borce, Pyrénées-Atlantiques.

3 OCTOBRE

Dès que la moindre parcelle de sagesse est entrée dans l'esprit d'un homme il aspire à la solitude.

ALEXANDRA DAVID-NÉEL
La Lampe de sagesse

Sanctuaire troglodytique de
la Virgen de la Peña à Tosantos, Castille-et-León.

4 OCTOBRE

Une seule chose est nécessaire : la solitude.

La grande solitude intérieure. Aller en soi-même et ne rencontrer pendant des heures personne, c'est à cela qu'il faut parvenir. Être seul, comme l'enfant est seul…

RAINER MARIA RILKE
Lettres à un jeune poète

Seuil de la *Via Lemovicensis* en quittant Vézelay, Yonne.

5 OCTOBRE

Jamais je n'ai tant pensé, tant existé, tant vécu, tant été moi, si j'ose ainsi dire, que dans les voyages que j'ai fait seul et à pied [...]. Je dispose en maître de la nature entière ; mon cœur errant d'objet en objet s'unit, s'identifie à ceux qui le flattent, s'entoure d'image charmante, s'enivre de sentiments délicieux.

JEAN-JACQUES ROUSSEAU
Les Confessions

Chapelle Saint-Sylvestre-des-Brousses,
aux portes des gorges de l'Hérault.

6 OCTOBRE

Bref, dédaignant d'être le lierre parasite,
Lors même qu'on n'est pas le chêne ou le tilleul,
Ne pas monter bien haut, peut-être, mais tout seul !

EDMOND ROSTAND
Cyrano de Bergerac

Draille de l'Aubrac, Lozère.

7 OCTOBRE

Qui est Dieu ?

Je ne puis penser à une réponse meilleure que : Celui qui est.

SAINT BERNARD DE CLAIRVAUX

Taillé dans une dalle de marbre blanc, le Christ imberbe de la basilique Saint-Sernin de Toulouse, Haute-Garonne.

PAX
VOBIS

8 OCTOBRE

Mes pensées dorment, si je les assis. Mon esprit ne va pas seul, comme si les jambes l'agitent.

MICHEL DE MONTAIGNE
Les Essais

Passage des Pyrénées.

9 OCTOBRE

Voici le lieu du monde où tout devient facile,
Le regret, le départ, même l'événement,
Et l'adieu temporaire et le détournement,
Le seul coin de la terre où tout devient docile.

CHARLES PÉGUY
La Tapisserie de Notre-Dame

Fresque de la chapelle Saint-Michel d'Aiguilhe
au Puy-en-Velay, Haute-Loire.

10 OCTOBRE

En tout premier lieu, la notion que le corps de l'homme est distinct de son âme doit être détruite. [...] Si les portes de la perception s'ouvraient, tout apparaîtrait tel qu'il est : infini. Car l'homme s'est enfermé lui-même et voit toutes choses à travers les étroites fissures de sa caverne.

WILLIAM BLAKE
Le Mariage du ciel et de l'enfer

Selon la tradition, après sa décollation, déposé dans une barque, le corps de saint Jacques vogua jusqu'en Galice. Fresque du XIVe siècle, église de Rabastens, Tarn.

11 OCTOBRE

Le voyage pour moi, ce n'est pas arriver, c'est partir.
C'est l'imprévu de la prochaine escale, c'est le désir jamais comblé de connaître sans cesse autre chose, c'est demain, éternellement demain.

ROLAND DORGELÈS
Partir

La Cruz de Ferro, Castille-et-León.

12 OCTOBRE

Ne demande jamais ton chemin à celui qui sait.

Tu pourrais ne pas te perdre !

SIMONE BERNARD-DUPRÉ
Mélopée africaine

« Hippo-stop » en Galice.

13 OCTOBRE

Il faut regarder le néant en face pour savoir en triompher.

LOUIS ARAGON
Les Poètes

Cathédrale Notre-Dame du Puy-en-Velay, Haute-Loire.

14 OCTOBRE

Multitude, solitude : termes égaux et convertibles pour le poète actif et fécond. Qui ne sait pas peupler sa solitude, ne sait pas non plus être seul dans une foule affairée.

CHARLES BAUDELAIRE
Petits poèmes en prose ou Le Spleen de Paris

Chef-d'œuvre gothique unique en Espagne, la cathédrale Santa María de la Regla de León est aussi appelée *Pulchra leonia*, littéralement « lionne soignée », Castille-et-León.

15 OCTOBRE

Vous êtes bon lorsque que vous marchez fermement vers votre but d'un pas intrépide. Pourtant, vous n'êtes pas mauvais lorsque vous y allez en boitant.

Même ceux qui boitent ne vont pas en arrière.

KHALIL GIBRAN
Le Prophète

San Pedro de Vilanova de Dozón, une église romane qui mérite un détour à deux pas de la *Via de la Plata*, Galice.

16 OCTOBRE

Il y a dans l'homme quelque chose de supérieur à la langue, c'est la volonté.

ERNEST RENAN
Qu'est-ce qu'une nation ?

Pont médiéval de Trinidad de Arre, Navarre.

17 OCTOBRE

Tout passe et tout reste

Mais notre destin est de passer

Passer en faisant des chemins

Des chemins sur la mer.

ANTONIO MACHADO
Proverbios y cantares

Le bout du chemin à l'extrême
pointe du Cabo Fisterra, Galice.

18 OCTOBRE

La sagesse ne crie-t-elle pas ?

L'intelligence n'élève-t-elle pas sa voix ?

C'est au sommet des hauteurs près de la route,

C'est à la croisée des chemins qu'elle se place.

Livre des Proverbes

Croix de granit près de Nasbinals, Lozère.

19 OCTOBRE

La solitude est bonne aux grands esprits et mauvaise aux petits. La solitude trouble les cerveaux qu'elle n'illumine pas.

VICTOR HUGO
Choses vues

Face à face avec le prophète Jérémie, portail roman de l'abbatiale de Moissac, Tarn-et-Garonne.

20 OCTOBRE

L'âme est restée seule, seule avec Dieu. Le christianisme est l'inventeur de la solitude comme substance de l'âme.

JOSÉ ORTEGA Y GASSET
Leçons de métaphysique

Détail fameux du portail des Orfèvres de la cathédrale de Santiago, le roi David jouant du luth, Galice.

21 OCTOBRE

Devant une flamme, dès qu'on rêve, ce que l'on perçoit n'est rien au regard de ce qu'on imagine.

GASTON BACHELARD
La Flamme d'une chandelle

Église de l'Hôpital-Saint-Blaise, dont le nom fait mémoire de l'ancienne commanderie de Miséricorde qui logeait les voyageurs sur la voie du Piémont, Pyrénées-Atlantiques.

22 OCTOBRE

Notre cœur ne brûlait-il pas en nous-même, quand il nous parlait sur la route et ouvrait pour nous les Écritures ?

Évangile selon saint Luc

Saint Jacques pèlerin, bas-relief en bois du XVIIe siècle à Ennezat, Puy-de-Dôme.

23 OCTOBRE

Une œuvre d'art est juste si elle provient de la nécessité.

RAINER MARIA RILKE
Lettres à un jeune poète

Détail de la porte du Pardon de l'église de Villafranca del Bierzo.
Les pèlerins fourbus y trouvaient le terme de leur chemin et
obtenaient les mêmes grâces qu'à Santiago, Castille-et-León.

24 OCTOBRE

Mon dieu, mon Dieu, cela ne s'éteint pas
Toute ma forêt, je suis là qui brûle
J'avais pris ce feu pour le crépuscule
Je croyais mon cœur à son dernier pas.
J'attendais toujours le jour d'être cendre
Je lisais vieillir où brise l'osier
Je guettais l'instant d'après le brasier
J'écoutais le chant des cendres, descendre.

Louis Aragon
Le Feu

Croix de Santo Toribio, Castille-et-León.

25 OCTOBRE

Moine est celui qui vit séparé de tout et uni à tous.

ÉVAGRE LE PONTIQUE

Modillon de l'église Saint-Pierre de Bessuéjouls, Aveyron.

26 OCTOBRE

Le cœur est l'organe central des sens intérieurs, le sens des sens, parce qu'il est la racine. « Si la racine est sainte, toutes les branches le seront également » (Rm 11, 16). Mais la racine ne sera pas sainte s'il n'est qu'une branche de l'être.

SAINT ISAAC LE SYRIEN
Homélies

Auvergne.

27 OCTOBRE

Quant aux manifestations du divin, elles pénètrent intimement l'âme, elles inclinent la volonté à aimer, elles agissent; et voudrait-elle y résister, qu'elle ne le pourrait pas, pas plus que la vitre ne peut s'opposer au rayon du soleil qui l'illumine.

SAINT JEAN DE LA CROIX
La Montée du Carmel

Gloire sur le plateau d'Aubrac, Aveyron.

28 OCTOBRE

Naître, c'est quitter son abri,
C'est essuyer le vent de face
Et porter le soleil sur son dos.

JEAN DEBRUYNNE
Les Trois saisons d'aimer

Ponte Taboada, Silleda, Galice.

29 OCTOBRE

Ce serait un monde

Sans bruit ni machines

Il n'y aurait que le chant du silence

Et celui de nos pas

JEAN-CLAUDE BARBIER
Voyage à Compostelle d'un homme de peu de foi

Mégalithe christianisé sur le plateau d'Aubrac, Lozère.

30 OCTOBRE

Et la vie sera là, son pain, son sel

Et l'oubli des journées

Et tout sera comme si sous le ciel

Je n'avais pas été.

MARINA TSVETAEVA
Le Ciel brûle

Un troupeau croise un cimetière dans la solitude de la Meseta, Castille-et-León.

31 OCTOBRE

Chemin faisant, direction du voyage et sens de la vie se révèlent n'être qu'une seule et même chose, une aventure ayant pour fin, non pas de nous enrichir, mais de découvrir notre propre pauvreté.

LÉONNARD LEROUX
Plus loin que nos pas

L'hiver fige la Meseta en des tons pastel,
Castille-et-León.

1er NOVEMBRE

La mémoire du silence nous rend aux temps immémoriaux, aux grandes solitudes de l'enfance.

GASTON BACHELARD

Méditation dans le cloître de Moissac, Tarn-et-Garonne.
Double page précédente > Ancêtre vénérable au bord d'un chemin, Poitou.

2 Novembre

Le plus grand explorateur de cette terre ne fait pas d'aussi longs voyages que celui qui descend au fond de son cœur et se penche sur les abîmes où la face de Dieu se mire dans les étoiles.

Julien Green
Journal

Voûte de la tour-lanterne à la croisée du transept, cathédrale de Rouen, Seine-Maritime.

3 NOVEMBRE

L'homme que je rencontre m'apprend souvent moins que le silence qu'il brise.

HENRY DAVID THOREAU
Journal

Traversée du parc du Haut-Languedoc.

4 NOVEMBRE

Debout sur la terre nue, la tête baignant dans une joyeuse atmosphère, s'élevant dans l'espace infini, tous nos égoïsmes mesquins s'évanouissent. Je deviens une pupille transparente ; je ne suis rien, je vois tout.

RALPH WALDO EMERSON
Nature

Solitude de l'Aubrac, Lozère.

5 NOVEMBRE

Plus que toutes choses, aime le silence ; il t'apporte un fruit que la langue est impuissante à décrire. [...] Le silence est le mystère des mondes à venir, la parole est l'instrument du monde présent.

SAINT ISAAC LE SYRIEN
Homélies

L'ancien monastère de San Juan de la Peña,
Camino Aragonés, Aragon.

6 NOVEMBRE

Acquiers la paix intérieure...

Et des milliers autour de toi seront sauvés.

SAINT SÉRAPHIM DE SAROV
Entretiens avec Motavilov

Berger et son troupeau dans les Pyrénées.

7 Novembre

Celui qui me connaît – celui qui m'aime –
Et, comme moi, dans le vide voguant,
Voit l'avenir inscrit dans le présent.
Car lui seul a pu, toute patience,
Donner une forme humaine au silence.

ATTILA JÓZSEF
Aimez-moi – L'œuvre poétique

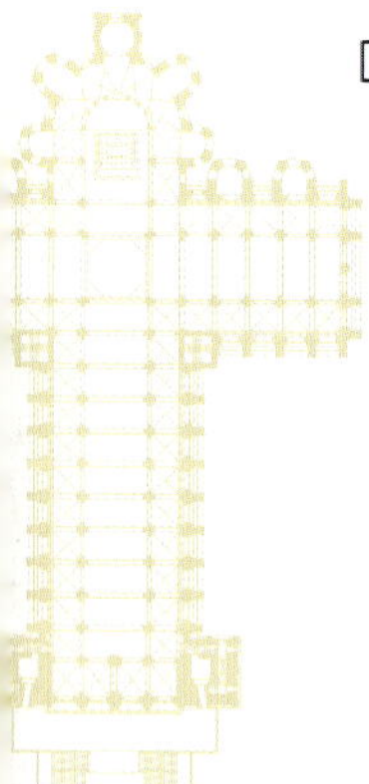

Sur la *Via Tolosana*, Tarn.

8 Novembre

Le brouillard, je l'ai vu derrière
Mille éblouissantes lumières.
Et j'ai entendu qu'au-delà
Du grand fracas de mon combat,
Qu'en haut, en bas, l'on mène danse,
Ne reste au pauvre que silence.

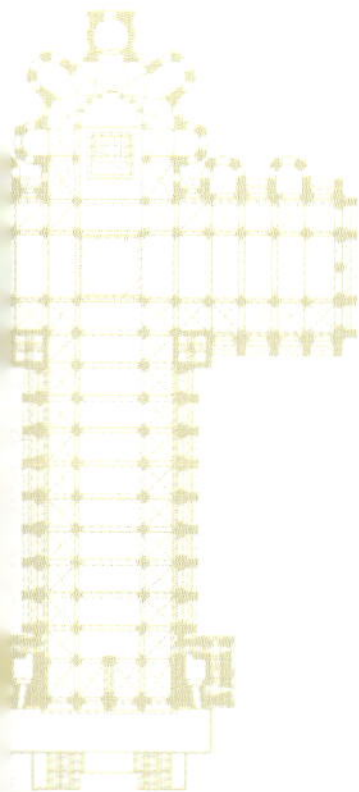

ATTILA JÓZSEF
Aimez-moi – L'œuvre poétique

La colline de Vézelay surgit de la brume matinale, Yonne.

9 NOVEMBRE

Chaque homme renferme en soi un monde à part, étranger aux lois et aux destinées générales des siècles.

François-René de Chateaubriand
Mémoires d'outre-tombe

L'office des laudes s'achève dans le silence, basilique de Vézelay, Yonne.

10 NOVEMBRE

Le silence devient une rareté et une dimension que nous risquons de perdre.

PAUL VIRILIO

Monastère de Yuso, San Millán de la Cogolla, La Rioja.

11 NOVEMBRE

Les clés du Camino de Santiago sont la solitude et le silence.

DON JOSÉ MARÍA ALONSO MARROQUÍN

Don José María Alonso Marroquín
servit les pèlerins pendant plusieurs décennies
en sa paroisse de San Juan de Ortega, Castille-et-León.

12 NOVEMBRE

Dieu est l'ami du silence. Les arbres, les fleurs et l'herbe poussent en silence. Regarde les étoiles, la lune et le soleil, comment ils se meuvent silencieusement.

MÈRE TERESA

Crépuscule sur la Meseta, Castille-et-León.

13 NOVEMBRE

À long terme, de la contemplation surgit un bonheur, et ce bonheur est source de notre lutte pour et avec la famille humaine. Il est courage, il est énergie pour prendre des risques, il est surtout abondance d'allégresse.

FRÈRE ROGER DE TAIZÉ

L'ancienne abbaye de Cluny, à l'origine d'un grand nombre d'édifices romans du chemin de Saint-Jacques, Saône-et-Loire.

14 NOVEMBRE

Le temps et l'espace ne faisaient qu'un. Il régnait alentour un silence que seuls les vents troublaient parfois, et une pureté absolument étrangère au monde des humains.

WILFRED THESIGER
Le Désert des déserts

La *Via de la Plata* au cœur de la Castille.

15 NOVEMBRE

Celui qui monte ne s'arrête jamais d'aller de commencement en commencement par des commencements qui n'ont jamais de fin.

SAINT GRÉGOIRE DE NYSSE
Homélies sur le Cantique des cantiques

Cathédrale Notre-Dame de Chartres, Eure-et-Loir.

16 NOVEMBRE

[...] Le vitrail est la forme la plus sauvage de l'art, la plus imprévisible. Le vitrail n'est que folie, métamorphose, floraison illusoire, jeu d'algues échevelées dans une rivière de lumière.

BERNARD TIRTIAUX
Le Passeur de lumière

Détail du vitrail de *La Reconquista* daté de 1525,
collégiale Notre-Dame en Vaux de Châlons-en-Champagne, Marne.

17 NOVEMBRE

Quel profond silence dans ces retraites quand les vents se reposent !

Quelles voix inconnues quand les vents viennent à s'élever !

FRANÇOIS-RENÉ DE CHATEAUBRIAND

La croix d'Urdanarre, à une « enjambée »
du col d'Ibañeta, Pyrénées-Atlantiques.

PARIS LE PUY
DONIBANE
ARNEGI
SANTIAGO

18 NOVEMBRE

Que rien ne te trouble, que rien ne t'épouvante. Tout passe, Dieu ne change pas. La patience triomphe de tout, celui qui possède Dieu ne manque de rien, Dieu seul suffit !

SAINTE THÉRÈSE D'ÁVILA

Murailles romanes de la cité d'Ávila, Castille-et-León.

19 NOVEMBRE

Du soleil au sol, de la Vie aux mortels, des immensités à la blessure, n'a plus peur celui qui n'a plus rien. Se contenter de passer, demeurer dans ce que la lumière a su bâtir d'impérissable, tourné vers l'horizon d'un frère, terre inconnue, continent sans dérive.

LÉONNARD LEROUX
Plus loin que nos pas

La pesée des âmes entre l'ange et le démon, chapiteau roman de l'ancienne prieurale de Saint-Révérien, Nièvre.

20 Novembre

Du silence naît tout ce qui vit et dure ; car c'est le silence qui nous relie à l'univers, à l'infini, il est la racine de l'existence et par là l'équilibre de la vie.

Yehudi Menuhin

La *Via Podiensis* en Aubrac, Lozère.

21 NOVEMBRE

Toute image est une révélation et un témoignage de ce qui est caché.

SAINT JEAN DAMASCÈNE

Ange de la Théophanie, fresque du porche
de la cathédrale Notre-Dame du Puy-en-Velay, Haute-Loire.

22 NOVEMBRE

Ne priez pas pour être protégé des dangers mais pour pouvoir les affronter.

RABÎNDRANÂTH TAGORE

Certains affirment que marcher en pèlerinage,
c'est prier avec ses pieds…

23 NOVEMBRE

À travers nos cœurs, que nous tenons ouverts,
Passe le dieu, des ailes aux pieds.

RAINER MARIA RILKE
Poèmes

Le Christ bénissant entouré du Tétramorphe,
sculpture romane dans l'église de Saint-Menoux, Allier.

24 NOVEMBRE

Ce que j'ai en moi, ce n'est pas le feu avide de matière, c'est l'eau qui opère et qui parle.

CALLISTE II
Sur la prière

Gué sur le Gard.

25 NOVEMBRE

J'irai sous la terre et toi tu marcheras dans le soleil !

ARTHUR RIMBAUD

Mur de cimetière en Val de Loire.

26 NOVEMBRE

Quand l'Esprit agit dans l'âme, elle psalmodie en tout abandon et douceur, dans le secret du cœur.
Cela s'accompagne de larmes intérieures, puis d'une sorte de dilatation intérieure avide de silence.

SAINT DIADOQUE DE PHOTICÉ
Cent chapitres gnostiques

Jeune pèlerin venant d'atteindre
la cathédrale de Santiago, Galice.

27 NOVEMBRE

La mort est d'abord une image, et elle reste une image.

GASTON BACHELARD
La Terre et les rêveries du repos

O mors o æternitas, église de Castrojeriz, Castille-et-León.

O MORS

28 NOVEMBRE

Si nous savions adorer, dit alors saint François, rien ne pourrait véritablement nous troubler. Nous traverserions le monde avec la tranquillité des grands fleuves.

ÉLOI LECLERC
Sagesse d'un pauvre

Cabane de pêcheur sur pilotis et carrelet,
Talmont-sur-Gironde, Charente-Maritime.

29 NOVEMBRE

Ce qui partout ailleurs est la route suivie
N'est ici qu'un paisible et fort détachement,
Et dans un calme temple et loin d'un plat tourment
L'attente d'une mort plus vivante que vie.

CHARLES PÉGUY
La Tapisserie de Notre-Dame

Les apôtres Jacques le Majeur, Jacques le Mineur et Barthélemy,
portail sud de la cathédrale de Chartres, Eure-et-Loir.

30 NOVEMBRE

Le vrai moine : un regard immobile de l'âme et un sens corporel inébranlable... Une lumière qui ne s'éteint pas à l'œil du cœur.

SAINT JEAN CLIMAQUE
L'Échelle sainte

Frères de Saint-Jean dans la prieurale de Souvigny, Allier.

DÉCEMBRE

Il est l'amour, mesure parfaite et réinventée, raison merveilleuse et imprévue, et l'éternité : machine aimée des qualités fatales. Nous avons tous eu l'épouvante de sa concession et de la nôtre : ô jouissance de notre santé, élan de nos facultés, affection égoïste et passion pour lui, lui qui nous aime pour sa vie infinie...

ARTHUR RIMBAUD
« Génie », *Les Illuminations*

Cimetière de Barbadello, Galice.
Double page précédente > Nef de la cathédrale de Reims, Marne.

CASA
CASIANO
SAN
SILVESTRE

DÉCEMBRE

On aime non dans la mesure où l'on possède mais dans la mesure où l'on attend.

Gustave Thibon
L'Ignorance étoilée

Les prophètes du *Pórtico da Gloria*,
cathédrale de Santiago, Galice.

DÉCEMBRE

Nous marchons vers des illuminations insensées. Toute vie est transit et voyage, nous voilà déjà dans l'éternité. Il y aura des lampes partout. Par tous les ciels. Par toutes les terres. L'enfer est derrière nous.

XAVIER GRALL
Arthur Rimbaud, la marche au soleil

Maël sur la *Via Arverna*,
à deux pas du Puy-en-Velay, Haute-Loire.

DÉCEMBRE

Couverts des noirs oiseaux du taillis héraldique,
Marchant seuls au sentier que le devoir indique,
Ajoutant au bruit sourd de leur pas solennel
La vague obscurité d'un voyage éternel.

Victor Hugo
« Les chevaliers errants », *La Légende des siècles*

La cité médiévale de Carcassonne, Aude.

DÉCEMBRE

À nouveau le hier. Derrière la persienne,
Musique et soleil ; dans le jardin voisin,
Le fruit d'or, quand on lève la main,
Le pur azur endormi dans la fontaine.

ANTONIO MACHADO
« À nouveau le hier », *Poésies de la guerre*

Cloître du cimetière du couvent
de l'ordre du Christ de Tomar, une des
merveilles du Caminho Português, Centre Portugal.

DÉCEMBRE

Nous sommes les abeilles de l'Univers.

Nous butinons éperdument le miel du visible pour l'accumuler dans la grande ruche d'or de l'Invisible.

Rainer Maria Rilke
Correspondance

Grand retable de la vieille
cathédrale de Salamanque, Castille-et-León.

DÉCEMBRE

Les livres et les routes demeurent mais les rencontres, les paroles, elles, sont éphémères. Et c'est l'éphémère que je venais chercher dans la pérennité géologique des chemins ou la mouvance des visages. Cet éphémère égrené dans le fil des jours et qui se mue ainsi en petites éternités, à chaque instant recommencées.

JACQUES LACARRIÈRE
Chemin faisant

Visage d'un pèlerin,
cloître Saint-Trophime d'Arles, Bouches-du-Rhône.

DÉCEMBRE

L'arbre est du temps qui n'en finit pas de s'incarner.

EUGÈNE GUILLEVIC
Nature épousée

Arrivée à Harambeltz,
Ostabat-Asme, Pyrénées-Atlantiques.

DÉCEMBRE

Les voyages m'ont toujours mené trop loin. La certitude d'arriver ne m'a jamais semblé que le centième coup de sonnette à une porte qui ne s'ouvre pas.

PAUL ÉLUARD
L'Immaculée Conception

Portail en fer forgé devant la façade
de la cathédrale de León, Castille-et-León.

10 DÉCEMBRE

Le Temps court et s'écoule et notre mort seule arrive à le rattraper. La photographie est un couperet qui dans l'éternité saisit l'instant qui l'a éblouie.

Henri Cartier-Bresson

Lumière vespérale sur le portail roman de Barbadello, Galice.

DÉCEMBRE

Sommes-nous solubles dans les brumes ou la pluie, nous qui nous levons tôt pour tendre des lianes au-dessus des torrents ou faire céder leur vol aux oiseaux chétifs ?
Comment combattre l'effacement, sinon par la course ?

JEAN-LOUIS MOTTE
Des hommes nommés brume

Monts du Bierzo, Castille-et-León.

DÉCEMBRE

Notre pâle raison nous cache l'infini !

Nous voulons regarder : – le Doute nous punit !

Le doute, morne oiseau, nous frappe de son aile…

– Et l'horizon s'enfuit d'une fuite éternelle !…

Arthur Rimbaud
« Soleil et chair », *Poésies*

Uriel, Yann et Maël en Provence.

13 DÉCEMBRE

La grande aventure, c'est de voir surgir quelque chose d'inconnu, chaque jour, dans le même visage.
C'est plus grand que tous les voyages autour du monde.

ALBERTO GIACOMETTI

Chapiteau roman dans l'église
d'Aulnay-de-Saintonge, Charente-Maritime.

14 DÉCEMBRE

De son fer la brume
Efface le pays
Et dissout les marcheurs
Tout l'art
Est de capter l'espace
La pureté du vide

JEAN-CLAUDE BARBIER
Voyage à Compostelle d'un homme de peu de foi

À l'approche des Pyrénées.

15 DÉCEMBRE

L'œil dans lequel je vois Dieu est l'œil même dans lequel Dieu me voit : mon œil et l'œil de Dieu ne sont qu'un œil, et une vision et une connaissance, et un amour.

MAÎTRE ECKHART

Dans un village auvergnat.

16 DÉCEMBRE

Dans les bois, un homme quitte ses années comme un serpent son ancienne peau – et quelle que soit la période de sa vie à ce moment, il demeure toujours un enfant.
Dans les bois se trouve la jeunesse éternelle.

RALPH WALDO EMERSON
Nature

Yann marche dans les pas de saint François d'Assise, plusieurs fois pèlerin sur le chemin d'Arles.

17 DÉCEMBRE

Nous vivons en ce monde pour nous efforcer d'apprendre toujours, pour nous éclairer les uns les autres au moyen d'échanges d'idées, et pour nous appliquer à aller toujours plus loin en avant dans la science et les arts.

WOLFGANG AMADEUS MOZART

Cloître de Moissac, Tarn-et-Garonne.

18 DÉCEMBRE

J'entends passer le vent, et je trouve que rien que pour entendre passer le vent, il vaut la peine d'être né.

FERNANDO PESSOA
Le Gardeur de troupeaux et autres poèmes

Buron sur l'Aubrac, Aveyron.

19 DÉCEMBRE

Ce n'est pas dans le firmament étoilé, ni dans la splendeur des corolles que se voit dans toute sa perfection la révélation de l'infini dans le fini, qui est le motif de toute création ; c'est dans l'âme de l'homme.

RABÎNDRANÂTH TAGORE
Sadhana

Visage de l'apôtre Jean, XVIe siècle,
chapelle vieille de la prieurale de Souvigny, Allier.

20 DÉCEMBRE

Ahuri par ce spectacle monstrueux et inhumain de roc, de nuage, de ciel et d'espace, je me sens envahi par une cupidité et un sentiment possessif ridicules.
Je veux connaître tout ça, posséder tout ça, embrasser tout le paysage intimement, profondément, totalement.

EDWARD ABBEY
Désert solitaire

Chapelle castrale de Massiac, à mi-chemin entre Clermont-Ferrand et Aurillac sur la *Via Arverna*, Cantal.

21 DÉCEMBRE

L'homme humble ne tombe jamais. De quelle hauteur pourrait-il tomber, puisqu'il est au-dessous de tout ? L'élévation est une grande humiliation, et l'humilité est une grande élévation.

Saint Macaire d'Égypte
Homélies spirituelles

L'une des plus vastes de France,
la crypte de Saint-Eutrope de Saintes, Charente-Maritime.

22 DÉCEMBRE

Éternité est l'anagramme d'étreinte.

HENRY DE MONTHERLANT
Les Jeunes Filles

Geste rituel avant de pénétrer dans
la cathédrale de Santiago, Galice.

L'ÉTERNITÉ

23 DÉCEMBRE

Elle est retrouvée.
Quoi ? – L'Éternité.
C'est la mer allée
Avec le soleil.

ARTHUR RIMBAUD
Derniers vers

Estuaire en Cornouaille.

24 DÉCEMBRE

J'ai ouvert devant toi une porte que nul ne peut fermer et, disposant de peu de puissance, tu as gardé ma parole sans renier mon Nom.

Livre de l'Apocalypse

L'adoration des Mages et autres scènes de l'enfance du Christ, portail de la nef sud, basilique de Vézelay, Yonne.

25 DÉCEMBRE

Le temps s'en va quelque part, et c'est là que nous allons !

LÉONNARD LEROUX
Plus loin que nos pas

Col d'Ibañeta.

28
8
08

DÉCEMBRE

Pour moi, il n'y a dans l'art ni passé ni futur. Si une œuvre d'art ne parvient pas à vivre toujours au présent, elle ne doit pas compter du tout. L'art des Grecs, des Égyptiens, des grands peintres qui ont vécu en d'autres temps, n'est pas un art du passé, peut-être est-il plus vivant aujourd'hui que jamais.

Pablo Picasso

Vitrail du maître verrier Arnaud de Moles réalisé entre 1507 et 1513, cathédrale Sainte-Marie d'Auch, Gers.

27 DÉCEMBRE

Tel est le mystère de la sanctification : par la grâce nous sommes déifiés. C'est la plus grande œuvre de Dieu. L'acte créateur est certainement moins magnifique, quoique, par sa nature même, il soit exclusivement divin ; cet acte n'aboutissant jamais qu'à faire une créature, celui-ci fait de cette créature un dieu.

Jules Chevalier

Détail de la porte du Pardon,
Villafranca del Bierzo, Castille-et-León.

28 DÉCEMBRE

L'éternité n'est guère plus longue que la vie.

René Char
Feuillets d'Hypnos

La basilique néo-byzantine Saint-Martin de Tours
bâtie sur les fondations de l'une des cinq églises
de pèlerinage majeures à l'époque romane, Indre-et-Loire.

29 DÉCEMBRE

Comme si l'on pouvait tuer le temps sans insulter à l'éternité.

HENRY DAVID THOREAU
Walden ou la vie dans les bois

Le pont Valentré de Cahors, Lot.

30 DÉCEMBRE

L'œil du monde ne voit pas plus loin que la vie, l'œil du croyant voit jusqu'au fond de l'éternité.

Jean-Marie Baptiste Vianney,
dit le saint Curé d'Ars

La résurrection des morts, chapiteau roman
de l'ancienne prieurale de Saint-Révérien, Nièvre.

31 DÉCEMBRE

L'Homme est Éternité…

Le temps est comme l'Éternité,

L'Éternité comme le temps.

ANGELUS SILESIUS
Le Pélerin chérubinique

À l'ouverture de chaque année sainte compostellane, le pèlerin avisé repart avec, sous le bras, un fragment de la Porte sainte, Galice.

CRÉDITS

Stig Dagerman
Notre besoin de consolation est impossible à rassasier, © Actes Sud.

Gustave Roud
Petit Traité de la marche en plaine, © L'Âge d'Homme.

Marina Tsvetaeva
Poèmes de la fin, © L'Âge d'Homme.

Roland Dorgelès
Partir, © Albin Michel.

Rabîndranâth Tagore
Sadhana, © Albin Michel.

Friedrich Nietzsche
Ecce Homo, © Aubier.

Frédéric Gros
Marcher, une philosophie, © Carnet Nord.

Humphrey Carpenter
J.R.R Tolkien, une biographie,
traduction française de Pierre Alien, © Christian Bourgois, 1980.

Fernando Pessoa
Le Livre de l'intranquillité, © Christian Bourgois.
Si je pouvais croquer la terre entière, © Christian Bourgois.

J.R.R. Tolkien
Le Seigneur des anneaux, © Christian Bourgois.

Gaston Bachelard
L'Air et les Songes, © Éditions Corti, 1948.

William Blake
Augures d'innocence, © Éditions Corti, 1942.

Julien Gracq
Carnets du grand chemin, © Éditions Corti, 1992.

Simone Bernard-Dupré
Mélopée africaine, © DDB.

Jean Debruynne
Les Trois Saisons d'aimer : naître, mourir, vivre, © DDB.

Henri Vincenot
Les Étoiles de Compostelle, © Éditions Denoël, 1982.

Jacques Lacarrière
Chemin faisant, © Librairie Arthème Fayard, 1977.

Raymond Oursel
Pèlerins du Moyen Âge, © Librairie Arthème Fayard, 1978.

ɪɪɴᴇʀ Mᴀʀɪᴀ Rɪʟᴋᴇ
ttres à un jeune poète, © Mille et une nuits,
epartement de la librairie Arthème Fayard, 1997 pour la
aduction en langue française.

ᴜsᴛᴀᴠᴇ Tʜɪʙᴏɴ
Ignorance étoilée, © Librairie Arthème Fayard, 1974.
Équilibre et l'harmonie, © Fayard.

ᴛéᴘʜᴀɴᴇ Bʀᴇᴛᴏɴ
es hommes nommés brume, © Flammarion.

ʟᴅᴏ Lᴇᴏᴘᴏʟᴅ
lmanach d'un comté des sables, © Flammarion.

ʀɪᴇᴅʀɪᴄʜ Nɪᴇᴛᴢsᴄʜᴇ
ar-delà le bien et le mal, © Flammarion.

Hᴇɴʀʏ Dᴀᴠɪᴅ Tʜᴏʀᴇᴀᴜ
Walden ou la vie dans les bois, © Flammarion.

Mɪɢᴜᴇʟ Aɴɢᴇʟ Asᴛᴜʀɪᴀs
« La chasse » in *Claireveillée de printemps*, traduit par René L.-F. Durand, © Éditions Gallimard.

Gᴀsᴛᴏɴ Bᴀᴄʜᴇʟᴀʀᴅ
La Psychanalyse du feu, © Éditions Gallimard.

Aʟʙᴇʀᴛ Cᴀᴍᴜs
Noces, © Éditions Gallimard.

Rᴇɴé Cʜᴀʀ
« L'éternité n'est guère plus longe que la vie » in *Feuillets d'hypnose*, recueilli dans *Fureur et Mystère*, © Éditions Gallimard.
« Lettre à Albert Camus » in *René Char et Albert Camus, Correspondance*, © Éditions Gallimard.

Émɪʟ Mɪᴄʜᴇʟ Cɪᴏʀᴀɴ
La Tentation d'exister, © Éditions Gallimard.

Pᴀᴜʟ Cʟᴀᴜᴅᴇʟ
Le Soulier de satin ou Le Pire n'est pas toujours sûr, © Éditions Gallimard.

Jᴇᴀɴ Gɪᴏɴᴏ
La Chasse au bonheur, © Éditions Gallimard.
Le Chant du monde, © Éditions Gallimard.
Le Grand Troupeau, © Éditions Gallimard.

Jᴀᴄᴋ Kᴇʀᴏᴜᴀᴄ
Sur la route, traduit par Jacques Houbart, © Éditions Gallimard.
Les Clochards célestes, traduit par Marc Saporta, © Éditions Gallimard.

Hᴇɴʀʏ ᴅᴇ Mᴏɴᴛʜᴇʀʟᴀɴᴛ
Les Jeunes Filles, © Éditions Gallimard.

CRÉDITS

Fernando Pessoa
Le Gardeur de troupeau et les autres poèmes d'Alberto Caeiro avec Poésies d'Alvaro de Campos, traduit de l'espagnol par Armand Guilbert, © Éditions Gallimard.

Jean-Paul Sartre
La Nausée, © Éditions Gallimard.

Gilles Servat
Arbres, © Gilles Servat, 1995.

Jean Cocteau
Journal d'un inconnu, © Éditions Grasset & Fasquelle, 1953.

Jean Giono
Les Vraies Richesses, © Éditions Grasset & Fasquelle, 1936.

Edith de La Héronnière
La Ballade des pèlerins, © Mercure de France, 1993.

Gaston Bachelard
La Flamme d'une chandelle, © PUF.
Le Nouvel Esprit scientifique, © PUF.

Friedrich W. J. von Schelling
Philosophie de la révélation, © PUF.

Anonyme
Récit d'un pèlerin russe, © Éditions du Seuil, 1966, pour la traduction française, n.e. 1999.

Rainer Maria Rilke
Œuvres, tome 3, *Correspondance*, © Éditions du Seuil pour la traduction française, 1976.

Thomas Stearns Eliot
Terre vaine et autres poèmes in *Poésie*, © Éditions du Seuil, 1947 pour la traduction française, « Points Poésie », 2006.

Miguel de Unamuno
Brouillard, © Terre de Brume.
Le Sentiment Tragique de la vie, © Terre de Brume.

Gaston Bachelard
La Formation de l'esprit scientifique, © Librairie philosophique J. Vrin, 1986.

Nicolas Malebranche
De la recherche de la vérité, © Librairie philosophique J. Vrin, 1972-1976.

CRÉDITS

REMERCIEMENTS

À ce que mon regard a croisé sur ces routes, visages, bestiaux et bestioles, ciels, arbres, horizons et talus, pierres taillées et silences, sources et rivières, azurs et nuages, solitaires et compagnons, clartés, bâtisseurs, nobles et manants, chercheurs ou égarés, à tous, merci du fond du cœur, du fond de l'âme.

LÉONNARD LEROUX

Toutes les photos de ce livre sont de Léonnard Leroux.
www.leonnard.com

DANS LA MEM

ISBN : 978-2-7509-0134-9

ISBN : 978-2-7509-0155-4

ISBN : 978-2-7509-0513-2

ISBN : 978-2-7509-0245-2

ISBN : 978-2-7509-0325-1

COLLECTION

ISBN : 978-2-7509-0435-7

ISBN : 978-2-7509-0522-4

ISBN : 978-2-7509-0511-8

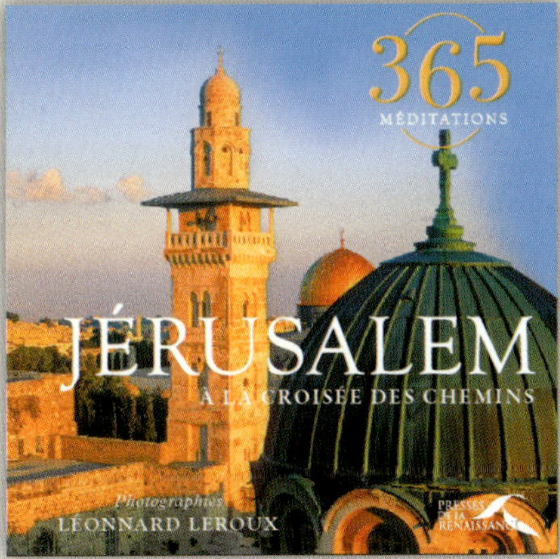

ISBN : 978-2-7509-0533-0

www.presses-renaissance.com

Pour en savoir plus sur les Presses de la Renaissance
(catalogue complet, auteurs, titres, extraits de livres,
revues de presse, débats, conférences...)

Maquette et photogravure : Daphné Desroziers, Léonnard Leroux

Dépôt légal : octobre 2010

Imprimé en Espagne par Gráficas Estella